# 憶往談今

## 美國陸軍退休二星少將張立平回憶錄

且看歷經千錘百鍊的張立平將軍娓娓道來，
以精闢宏觀的視野，探究現今的國際情勢。

張立平◎著

Dr. Lie-Ping (L.P.) Chang
Major General (ret.) U.S. Army

一九四九年出生於台北市的張立平，在台灣念完高中並服完兩年兵役後，於一九七二年隨家人移民美國。

一九七六年從位於華府的天主教大學畢業，即進入密蘇里州的 Kirksville 醫學院繼續深造。一九八〇年取得醫學博士學位，轉至新澤西州聯合綜合醫院，完成家庭專科醫生訓練。結業後取得行醫執照，旋即回到華府近郊維吉尼亞州的亞歷山卓城，行醫迄今。一九九三年又在加州的 Loma Linda 大學，獲得公共衛生碩士學位。

在進行住院醫生專科訓練時，張立平加入了美國陸軍後備部隊，前後在美陸軍服役三十一年，最後於二〇一二年五月，以二星少將官階退役。

「張醫師」平時在華府近郊懸壺濟世，工作之餘繼續進修軍中學歷，並從陸軍後備醫療體系的中尉基層醫官做起，隨時因應任務需要，放下私人診所業務，投身軍中醫療工作。他歷經專科主任、醫院院長、准將指揮官，直到掌管全美陸軍醫療體系內編制最大、官兵人數最多的「八〇七戰區

醫療指揮部」，任二星少將指揮官。他完整的軍中學歷包括：三軍聯合戰地醫療、專業認證、陸軍高級軍官班及陸軍指揮參謀學院畢業、陸軍戰爭學院碩士及國防大學國家安全班結業。

總部設在猶他州鹽湖城的「八〇七戰區醫療指揮部」，具有雙重任務。它負責管理從俄亥俄州到美西岸共二十六州的陸軍後備野戰醫療單位，其中包括五個野戰醫療旅及十個大型野戰綜合醫院，共計一萬一千五百名官兵。

自九一一反恐戰爭開打後，「張將軍」指揮該部官兵全力支援以阿富汗、伊拉克、科威特及卡達為戰區的醫療需求，並協調支援全球其它美軍戰區（非洲、太平洋及北美）的醫療戰備。另一方面，做為美軍南方戰區的醫療指揮部，亦積極參與美軍南方戰區（中、南美洲及加勒比海）有關醫療支援及人道救災任務的策劃與執行，其中包括二〇一〇年海地大地震的災後重建。這些難得的經驗讓他對中東戰場實況以及美軍強大戰力背後外界難以窺知的一面，有了第一手的深入了解。

「張將軍」在指揮官任內，足跡遍佈北美、中南美、太

平洋、中東及非洲，並首倡美軍「醫療外交」，協調各駐地美國大使館同時聯合美陸軍醫療部隊、民間慈善團體、醫學院、當地醫療系統及配合海軍第四及第七艦隊，一同協助增進許多開發中國家的醫療需要，基礎建設及醫護人員訓練。他與美國知名智庫 RAND Corp. 合作，提出一份「美陸軍醫療外交」研究報告，發表在二〇一四年六月出版的《Military Medicine International Journal》（Vol. 179, No. 6）。

張立平是第一位台灣出生、在美軍擔任最高二星少將的華裔美籍人士。在他三十一年的軍旅生涯中，榮獲多項勳章獎勵，其中包括美軍排名第四高位的「Distinguished Service Medal」。

本書自他的求學歷程，談到他由民醫轉型成軍醫，並在美國的大熔爐中如何憑自身努力從陸軍的基層醫療單位開始奮鬥，一步步爬到高層指揮職務。他還深入中東戰區及中南美災區，實地觀察人禍天災如何摧殘生命及扭曲人性。這些都是台灣民眾平時不可能接觸到的訊息。書中還附有多張寶貴的相片，呈現他各段經歷的實際面貌，有助讀者理解他不平凡的一生以及台灣以外的另一個真實世界。

# 目 錄
Contents

# 童年憶往

## 「緣」

我們祖籍山東省滕縣。但自祖父（張仁奎，號錦湖）時因工作南遷，而來到江蘇南通。他做過南通鎮守使，曾策動新軍，協助國父辛亥光復武漢。北伐時期，延備軍事諮詢，一九二七年協助國民政府進駐浙江上海，後以陸軍上將退隱江湖。抗戰時，滯留淞滬，直至病故。

我的父親（張叔良）即出生於南通。父親出生不久後，全家隨祖父遷居上海市，父親在滬成長就學，成為不折不扣的「移植上海人」。抗戰時，父親正就讀東吳大學法律系。上海淪陷後，年輕且血氣方剛的父親，不願生活於日本軍國統治的陰影之下，再加上他不同意由長輩安排的未來婚事，說服了祖父讓他隻身投奔中央政府在陪都重慶設立的中央大學借讀，得以繼續完成他東吳大學的法律學位。

我的母親（李異琨）自幼在北平生長，是個典型的北方閨女，由於她是長女，深受外公（李培基）的疼愛。開明的外公及外婆，精心培養母親的成長，自貝滿女中畢業後，她

毅然考進了知名的燕京大學教育系就讀。抗日時局日益嚴峻，在珍珠港事件後，美國對日宣戰，屬於美國教會的燕京大學也被迫停課休學。許多燕京大學的師生及職員，亦紛紛盡其可能離開日軍佔領下的北平，前往大後方的陪都四川。當時一直以學業為重的母親，只差一年即可畢業。事巧，她不願意與長輩撮合的對象訂婚，她也說服了外公外婆，讓她與同學們一齊離開她生長的北平，輾轉來到重慶，同樣借讀於中央大學。

在四川重慶的沙坪壩，父母親因同學介紹認識，進而相戀結婚，也開始了他們近半個世紀的升落起伏人生，走遍大江南北的日子。每每回憶父母親這一段恩愛的「南北緣」，和他們這半世紀無怨地艱辛扶育我們姐弟四人成長的足跡，更加深我對他們的敬愛與思念。

一九四五年，日本無條件投降，八年抗戰終於勝利結束。興奮中，父母帶著仍在襁褓中的大姐（立儀），迫不及待地搶上第一班客輪離開四川，沿長江東渡回到了上海。不久，大哥（立誠）及二姐（立和）也相繼加入這個溫馨的小家庭，全家漸漸地在上海海格路的「範園」安定了下來。

惜國共內戰日趨激烈，才剛從八年長期抗日戰爭陰影中脫身，喘息落地安居的父母親，看到全國局勢混亂，像一片

黑雲漸漸地由地平線升起。隨之，國軍在遼瀋及平津兩大會戰敗北，共軍如滾雪球般趁勢席捲大半江山，懷抱著稚幼子女，惶恐於心，不知所從。

曾任河南省主席的外公，當時被提名為立法院院長，正在南京開會，他電告母親，中央政府因應時局，有計劃暫遷渡海到台灣。他建議母親與家人商議，準備妥當，見機遷台。父母親決定趁著國共和談的空檔，難得的平靜中，想盡辦法買船票，安排妥當，全家大小包括祖母、姑媽、大伯與四叔全家、外帶正巧來滬探視母親的外婆、大舅及舅媽，一起東渡台海來到基隆，再轉往台北。

將一大家族在台安置好後，父母親又回到上海，繼續工作及清理家產。一九四九年一月，徐蚌會戰結束，國軍精銳全數殆盡。共軍破竹直下，於同年四月二十四日佔領南京，上海易手只是早晚之事。不久，父母親趕往上海虹橋機場登機赴台，依依不捨地離開這十里洋場的老家——大上海。五月二十七日共軍全面佔領上海，十月一日，「中華人民共和國」正式在北京建立。

可惜外公在南京會後，趕回北平欲安排李家大小撤離赴台，但沒料到共軍以閃電般的攻勢，快速打散華北國共兩軍的對峙局面，直逼北平城外，迫使守將傅作義不戰而降，外

公不及離開而滯留於北平。從此與母親身隔兩岸，未能再見一面。母親常感嘆回憶她與外公的最後通話，也是她此生最懷念的遺憾。

不久，母親在十月十九日於台北市內江街的「台北婦幼衛生中心」，產下了她最小的孩子——「我」。

## 家在台北

父母親遷居台北不久後，共軍席捲整個中國大陸，阿姨當時已在美國定居，來函要母親考慮全家移民美國，但父母親已決定在台灣立足生根。父親先開始做歐美電影進口生意，引進了幾部轟動票房的洋片。惟大局使然，國府嚴格管制外匯進出，再加上香港中間經紀人矇騙，雖然票房鼎盛，但終因公司收支不穩而被迫結束。這也使得父母親耗盡帶出來的資產，後來省吃儉用了十多年，才逐漸還清公司的所有債務。

一些親友曾建議父母，這是生意失敗，有限公司所欠的債務，公司關了門，所有債務即可一筆勾銷，但父母親不認為這是良知許可的對策，而一點點、一筆筆地還清所有欠債。等我們成年懂事後，與父母親閒聊及此時，他們解釋：「一個人在社會裡，最重要的人格就是信用。這些人當年投資『聯

安有限公司』，是因為相信我們，才願意把辛苦攢來的錢交給我們運用。不論原因如何，公司結束是事實，錢沒了也是事實。我們對這些投資者有道義責任，若失信於人，則永遠無法挽回這個污點。」相較當今「人吃人」及「人騙人」的商場，這真是值得敬佩及清新的做人行事大原則。

我們姐弟四人，親身目睹我們的父母辛勤工作，省吃儉用十多年，一點一滴地終於還清了所有「公司債」。這個強而有力的身教，也無形中深刻烙印在我們子女的心靈深處。「守信用」，也成為我們姐弟四人的人生指南。

我們的啟蒙教育，都是在台北市的「女師附小」，這是台北市女子師範學院附設的教育實驗小學。德、智、體、群，平衡發展，我深信，這也是奠定了我們未來行為基礎及引導我們平衡成長的主因。

隨後，我在中壢的「復旦中學」混了一年，之後轉到台北的「強恕中學」完成了我的初、高中學業。「強恕」的開放性教學思想，不是填鴨式的教育方式，無形中影響到我後來求學做事時，得以不受拘束的思考行事。

無可否認，當年台灣的物質生活落後，但我在台的童年卻充滿了許多溫馨的回憶。每天課後，無憂無慮的在街坊與

鄰居小友一齊玩耍、踢球、打彈珠及官兵捉強盜這些低科技、但純人際交流的社區生活。這也深深引導我成長後，喜歡交友及和社群來往的生活方式。

上中學時，最普遍的交通工具就是腳踏車，不論上學、訪友、玩耍或串門子，一車在腳，無遠弗屆，也沒有所謂「塞車」的煩惱。雖然我們住在台北市內，但離家不遠即是當年的「空軍總部」，也是仁愛路底。再下去就是一片的田野，直到三張犁山腳下。常憶及，在這開闊的大環境下，與鄰居小友去捉泥鰍及在田埂上奔跑，不慎一腳踩下水田的情景。周末全家聚集，飯後在收音機畔聆聽中廣的「廣播劇」及「猜謎晚會」，也就是一個星期下來的娛樂高潮。

我常深深感覺到，十分幸運地有這值得懷舊的往昔，能讓我不時有機會去捕捉童年的情景。不知在現代高物質生活水準下，高科技電腦遊戲及社交網路連線環境中成長的一代，能否能在年長後，仍有懷念憶往的幕幕背景寫實？

## 當兵去

自從中央政府遷台後，台灣最公平的社會政策，就是「服兵役」。屆齡役男，若不在大學念書就得當兵，在兩次大專

院校聯考落第後，我接到兵役通知，隨後抽籤到兩年的陸軍一般兵役。

　　一九六九年十二月初，爸媽及二姐送我到台北火車站集合，到新竹關東橋的「新兵訓練中心」報到。當時正值陸軍整編新兵訓練，在新竹待了沒幾天，又糊里糊塗的上了火車，來到嘉義大林，在此接受了三個月的新兵洗禮，也讓我首次體驗集體生活的真諦。結訓後，被選送到台南隆田的陸軍士官訓練中心繼續磨鍊，結業後即分發到台南新中的陸軍預八師二十三旅，先任教育班長，之後調到旅部當人事士。在當時的上校旅長羅本立（後任三軍參謀總長）手下服役，直到一九七一年底退役。還記得瘦高的羅旅長剛從東引調回本島，不苟言笑，嚴肅治理帶兵的軍律。

　　這兩年的兵役，也是我人生中第一個重要的轉捩點。一日在軍中收到母親來函，她希望我好好運用這段軍中服役的日子，靜下來想想我未來人生的目標。她鼓勵我重拾書本，好好念書以準備軍中退伍後再考大學，或者看看對什麼有興趣，學上一技之長，以備將來獨立過日子。但不論我如何決定，她及父親都會全力支持我以達到的目標與理想。

　　母親的手函，如警鐘般地敲醒猶在睡夢中的我，深深體會到，我何其有幸，生長在這個溫馨友愛的家，並有明智支

持的父母。我實應珍惜這一人生轉機的機會,好好來思考及準備我的未來。

當兵的這兩年,給了我許多機會去接觸、瞭解中南部真正的台灣,也結識了一些中南部的朋友及同事。讓我這個在台北市生長的「城市仔」,首次親身體會到純台灣本地風味的人與地。直到今天,我仍常閉目靜思,在南台灣的烈陽下,站在遍地皆是的芒果樹蔭下避陽,望著那隨微風搖曳的豔紅鳳凰樹;沿著一號省道,搭乘民營客運車從嘉義到高雄間四處閒逛,穿越多少小鎮、鄉村。懷念嘉義火車站前的小吃,安平古堡邊的蚵仔煎,台南夜市的棺材板,及聞名全省的擔仔麵原始小店。這一切的人、地、物都給予我難得珍貴的機會,深深體會到台灣南部人情的誠摯及純樸的鄉土風味。

一九七一年十二月初,我服役期滿退伍。在依依不捨中離開了這寧靜的陸軍台南新中營區。又是一列火車,把我帶回到繁華熱鬧的台北市,也開始步入我人生旅途的下一站。

# 機會、機運

## 留洋、求學、就業

　　一九七一年，父母親到美國探視剛婚後赴華府定居的大姐及姐夫（李俊祺），也順道去了東西兩岸，探望一些親戚及老友，並在紐約與多年不見的東吳大學老同學張培揚伯伯相聚多日。他當時任職紐約曼哈坦學院的經濟系主任，閒聊中，得悉我即將服完兵役，但仍未決定未來何去何從，張伯伯當即建議我應該來美國繼續念大學，他非常熱心地幫我申請到紐約市郊區一所小型學院 Dominican College 的入學許可。這個從天而降、繼續念書的機會，徹底轉變了我人生旅途的大方向。

　　在 Dominican College 念了一年，主修商業會計，但我最喜歡的課卻是生物及化學，當從事藥劑師的大姐夫知道後，鼓勵我轉念生物科學或讀醫預科。我剛來美國不久，只求能念完大學謀求一技之長就好，豈敢奢想去申請競爭激烈、高不可攀的醫學院。

　　不過我又對在數目中打滾的商業會計提不起勁，大姐及

姐夫對我充滿信心，一再催促我搬回華府，我也很幸運地得以轉學到華府的天主教大學 The Catholic University 生物系就讀。在這裡讀了三年大學畢業後，又順利的申請到在密蘇里州的醫學院 Kirksville College Of Osteopathic Medicine。

在這中西大平原，遍地玉米及民風純樸的密蘇里州東北角，寒窗苦讀了四年，終於拿到醫學博士學位，全家興高采烈的來參加我畢業典禮，隨後不久，我在華府與在密蘇里州認識的另一半楊彩汕結婚。婚後，打包東行到了新澤西州的醫院，開始了實習醫生的緊張生涯。最後，實習結業又回到了華府，應我醫學院老校友之邀，參加他們的家庭醫生診所行醫迄今。

## 美國醫學

雖然美國的醫療費用昂貴，但不可否認，當今美國的醫學進步亦舉世無匹，從醫學歷史演變的角度來看，所謂的「現代醫學」，也只是近七十多年的成果。從一九四〇年盤尼西林研發上市開始，其後一九六〇年代起的太空工業發展產生的「副產品」，更加速了「醫學工程」的進展！例如心律調整器（Pace Maker），無線電控制的各種心肺腦遙控系統及光纖科技的各型視鏡等。近十多年來，託電腦及生物基因科

技的突破，更使得現代醫學日益進展，無遠弗屆。

　　基本言之，美國醫學的進步，絕大部分得力於其厚實的基礎生物研究、勇於創新及完整配合的臨床醫學系統。

　　談到醫學系統，值得一提的是將時鐘往後撥一百年，談談早已被世人遺忘的「一九一八年世界大流行性感冒」。現已公認，這個可以說是空前絕後的世界性病毒殺手，起源於美國堪薩斯州的 Haskell County。時值第一次世界大戰，這個過濾性病毒，隨著美國參戰的軍人，一路吹到美東的費城、紐約及波士頓，再過洋到了歐洲戰場，然後一路蔓延全球（包括中國），造成無比的恐惶。據最後統計，這個大流感（The Great Influenza）造成全球五千萬人口死亡，想想當時的全球人口估計只有不到二十億，且這個流感對年輕或年長者均一視同仁，由感冒演變成肺炎而死，在這死亡恐懼的陰影下，使得社會各層草木皆兵，聞感冒色變。

　　當時，美國的醫療系統相當粗糙且無統一標準，幾個醫生聚在一起就可以開家醫院，收些學徒式的學生即可造就為明日的醫生。醫學知識亦無統一瞭解共識，再加上缺乏有效的藥材及公共衛生觀念，全美醫療各自為政，一開始對造成大量死亡的「大流感」因果不解，束手無策。

反觀，歐洲大陸的德國 Rudolf Virchow 及法國 Louis Pasteur 早經由顯微鏡，而發展出細菌、細胞論，更在一八七○年代發展出以科學為基礎的公立醫學教育，許多有志的美國醫生，遠渡重洋到歐洲大陸留學，取得了新知識後，帶回到美國。一九一○年在紐約由大實業家 John D. Rockefeller 出資成立的 Rockefeller Institute Hospital，也開始了醫學科學化的教育及研究。

一九一八年的大流感殺傷力及震憾，驚醒了全美，聯邦政府動員全美國陸軍軍醫系統及當時醫學界的所有頂尖醫生 Drs. William Welch, Simon Flexner 及軍醫署長 Major General (Dr.) William Gorgas 一齊合作，埋頭苦研，最後終於找出病源及傳染方式，並研發出有效的對策，得以治療病患及控制其蔓延。這「一九一八大流感」也奠定了美國公共衛生基礎及加速紮實的醫學教育大改革。

美國的醫學教育觀點及方式與歐洲、日本有異，其注重完整及平衡的基礎，視醫學為人文 Healing Arts，要求學生先念完大學才能申請，主修什麼都可以，只要有文學、化學、生物、物理及微積分這幾個必修科目即可，課外活動及社區經驗都對申請醫學院有幫助。醫學院教育共四年，前三年注重以面授及實驗室為主的基礎醫學，四年級專注臨床實習。

醫學院畢業拿到醫學博士學位後，開始通科實習醫生一年，或直接進入專科住院醫生訓練三至五年。至於更進一步的專精科（如神經外科、移植外科、放射性治療、荷爾蒙等等），則需再加上一至三年的 Fellowship。在每個關鍵期，都要通過周詳的測試及再教育，這個不同制度的教育學成背景，使許多非美國醫學院畢業的醫生，不論有多少臨床經驗，若來美行醫，都必須從實習、住院醫生從頭來起。

醫生的行醫執照是每個州的行責，各州決定醫生執照發證資格審定及管理。在美國立案的醫學院畢業生，通過三階段的全國性醫考（National Board Exam）後，即可依此證書在全美任何一州申請當地的行醫執照開業。

另一鮮為人知的是，美國有兩種理論稍有不同的醫學院，其畢業生混合訓練，均享有同等的行醫資格。一是循歐洲病理學為主的 Allopathic 醫學院，授予 MD 學位；另一是美國 Dr. Andrew Taylor Still 於一八九二年於密蘇里州創立的 Osteopathic 醫學院，授予 DO 學位（也是我的母校）。

Dr. Still 出生於維吉尼亞州的衛理公會傳教士家庭，隨著醫生兼傳教士的父親，一路傳到當時的西域邊疆密蘇里州定居，Dr. Still 隨後也拿到了 MD 醫學學位行醫，但不滿當時頭痛醫頭、腳疼醫腳的病理學分類醫療法。他認為人為內外一

體，各器官經過中樞神經及血液循環相互影響，同時大自然與飲食也都對身心發展有所弊益。這在當時是極為新潮的理論，自成一體，一百二十年後的今天，絕大多數的民眾，都接受人的身心一體及體內相互平衡的影響。他的理論也與中國傳統醫學的陰陽平衡相輔相成，有異曲同工之處。

雖然美國醫療制度不斷改良、演進，但基本上仍是以醫院與醫生診所各自為政，相互輔助，受保險影響，目前趨勢是醫院大小合併。醫生診所也逐漸以各種形式的聯營，以減輕成本開銷。絕大多數病患，都是以門診為主，連外科開刀，現都走向「當日回家」的模式。必須住院的病患多為複雜及嚴重病況，無法門診而需使用醫院的高科技儀器及藥品，和專業醫務人員照料。

隨著科技進展，不斷創新的儀器及昂貴藥品，使得住院費用急速日增，連帶也使健康保險費用高速上漲。當今約四千五百萬美國人沒有健康保險或不夠達到基本標準的保險，漸成社會嚴重問題，這也是工業開發國家中的奇特獨例。

「在美國的確生不起病」，不是一句誇大的閒話。就算是有保險，一場大病或重傷下來，各種自付額及雜項也相當可觀。歐巴馬政府千辛萬苦推出來的「全民健保」，雖經美國最高法院兩度判決，合法、合憲，但這只是一個起跑點，

前途艱險，障礙重重，再加上政治做怪，未來如何尚待分曉。但這是一個揮之不去的社會經濟問題，隨著人口老化，不斷增加的宿疾及日益富裕的社會，老百姓對政府的要求只會愈來愈高。在今日全球化的世界，這個基本醫療服務的欲望，已成放諸四海皆準的人民意願。

在美行醫一晃過了三十多年，我有幸親身經歷過美國醫療市場的黃金時代，隨後醫生、醫院和保險公司三雄頂立的戰國時代，到目前日益增加政府規管和財政緊縮的長期抗戰時代，我也深深體驗到高科技及電腦對醫學的貢獻和挑戰。但追根就柢，「行醫」是個複雜、辛苦但充滿樂趣和回饋的服務，若我能重新選擇職業，我還是會再做一次醫生。

## 又當了一次兵

在離紐約市隔河不遠的新澤西州聯合紀念醫院（Union Memorial Hospital），完成了我的通科實習醫生及家庭醫生的專科訓練，同時也拿到全國性醫生通考證書。在這段時期中，我和醫院主管臨床訓練的 Dr. Victor Bove 夫婦結為好友。Dr. Bove 曾是外科醫生，後來轉業為醫院行政，他為義大利後裔，開放熱情及喜好交友，在第二次世界大戰時，他被徵召到歐洲戰場服役。戰後，他用退役軍人獎學金，念完大學

及醫學院。他是位標準的老美，愛國及熱心參與社區服務，並一直在美國陸軍後備部隊，當時官拜上校。

受到越戰後遺症及全面取消徵兵的影響，一九八○年初的美國軍隊，士氣低靡而人員缺乏。Dr. Bove 身在其中，深受感觸，他和一些同僚決定自願盡己之力去扭轉這個負面趨勢，他們協助陸軍招募志同道合的年輕人加入後備部隊，一步一步重建他熱愛的陸軍。

有天中飯時閒聊，談及我曾在台灣當兵兩年的故事，他突然問我，有沒有興趣重拾軍袍，只是不同的旗幟，再為社會服務。他告訴我，他所屬的陸軍後備醫院，缺人缺物，有超過百分之九十的醫生空缺。這種空殼式的軍隊，遲早會有問題。經他無數次的遊說及服務社會的熱忱，我終於收回「已經當過一次兵」及「也沒欠政府助學金」的藉口，於一九八一年九月在華府的華特里德陸軍總醫院宣誓加入美國陸軍。同時亦獲授階中尉服六年的基本役。沒想到，來了美國之後，又意外地再當了一次兵。

時值雷根總統任內，開始大張旗鼓的重整軍備，以回轉日益侵蝕的軍力及士氣。突然間，後備部隊也被「冷飯熱炒」的大翻身，不斷增加的訓練經費，使得設備、車輛更新及訓練場所現代化，絕大部分後備單位人員，從待在後備中心無

所事事，一下子跳到積極及連續的野外戰鬥集訓。在短短地兩年內，我親眼目睹了「有錢好辦事」的切身實例。我所屬的三二二野戰醫院，從缺人、缺物又缺經費的不知所為，一下子提升到專業專精、充滿活力的部隊。在一九八四年秋，整個三二二野戰醫院，成為自第二次世界大戰後，第一個陸軍後備醫院，從美國本土直接飛跋到歐洲參加北約聯軍的年度 REFORGER 大演習。這再次印證到美國強大的潛力及其快速軍力回復的能耐。難怪日本三本五十六大將在偷襲珍珠港後，從肺腑吐露他的預言：「我擔心這次偷襲行動，將喚醒美國深厚的工業潛力及愛國心」。

因為雷根政府的全力基本投資及大戰略指導，才能使美國軍力脫胎換骨，走出越戰的陰影及成功進行軍事工業科技革新，奠定其後的冷戰勝利及「沙漠風暴」伊戰閃電似的軍事行動成功。

平凡的機緣與 Dr. Bove 相遇相識成好友，無預警的機會加入了陸軍後備部隊，這些機運又一步步帶著我走向一條事先無法預測的人生旅途。

# VMI八年

座落在華府西南方，仙南道谷中列克辛頓市的「維吉尼亞州軍校」（Virginia Military Institute）簡稱 VMI，是全美著名且極特殊的一所州立大學，許多人稱其為「南方的西點軍校」。該校成立於一八三九年，校旨為訓練文武合一的社會中堅及培育未來的維州民兵領袖—— Citizen Soldiers。歷經南北戰爭的洗禮得以建立起其獨特而令人尊敬的校風及傳統，綿延至今近一百七十五年。維州軍校產生出許多美國及外國的軍事及社會領袖。世界知名的馬歇爾 George Marshall 五星上將（也是唯一做過美國國防部長及國務卿的政治領袖）是該校一九〇一年班畢業生，迄今前後共有九位維州軍校畢業生做到美軍四星上將，其中包括陸軍、空軍及陸戰隊的軍種參謀總長。

維州軍校與中國淵源甚久，記錄上的第一名中國籍畢業生是一九〇六年班，來自廣東的溫其濬。其後一九三五年班的 I. Chang 回中國後為國軍上尉連長，在一九三七年的南京保衛戰中陣亡，成為第二次世界大戰中第一位作戰陣亡的維州軍校校友。中國人熟悉的抗日印、緬遠征軍司令孫立人將軍，也是維州軍校一九二七年班的校友。

州立大學的維州軍校共有十七名校董，負責財務及校務政策方針管理，除了一名額保留給維州國民兵司令外，其餘

十六名校董均由維州州長提名後經州議會通過任命。當我多年的好友 Mark Warner 當選為維州州長後，問我有沒有興趣去做維州軍校校董，我當即允諾此一榮耀職位，全力以赴，成為首位亞裔校董。

二〇〇三年七月一日，我宣誓加入了這歷史悠久、頗負盛名的高等學校董事會，開始兩任八年的難忘珍貴經驗。（在二〇〇七年我被續任的維州州長 Timothy Kaine 提名續任四年）。事巧，多年後這兩位前任維州州長，也先後當選為維州聯邦參議員迄今。

除一般大學課程外，維州軍校採取一律住校的全軍事教育，美國三軍及陸戰隊均提供全額 ROTC 獎學金給約半數的學生，畢業後授於少尉官階並服役六年。以陸軍而言，維州軍校是僅次於西點軍校每年造就陸軍少尉軍官的學府（二〇一三年有一百一十一名維州軍校畢業生榮獲陸軍少尉官階）。現任校長，陸軍退休四星上將 Gen.Binford Peay ，曾任美軍中央戰區總司令及不久前才卸任的空軍參謀總長，也是該校校董之一的空軍四星上將 Gen. John Jumper，都是近代該校的優秀畢業生代表。

維州軍校最獨特之處，是其仍保持美國當今包括三軍官校在內的高等學府中，碩果僅存的「榮譽制度」。該校採取

學生自治，由高年學長管理照顧低年生。一切以「誠信」為主──「不說謊，也不容忍他人欺騙。」任何人若被發現有不誠實的行為，經過「學生榮譽法庭」查證屬實，立即退學，毫不妥協。我親身參與多次「榮譽法庭」程序及代表董事會認可的會議，經歷到這些不信邪的學生，包括足球明星及差半年就畢業的高班學生，因一時糊塗觸碰紅線而被退學，悔恨已晚。在這樣的大環境下，造就出的人才誠信可靠，不走歪路，在當今瀰漫抄捷徑的社會中，確屬鳳毛麟角。

因為是軍校，另一個特殊之處是「遵守法律」。維州軍校自一八三九年建校以來只收男生，直到一九九○年初受到女權運動伸張的影響，不斷在法庭上提訴，要求公立學校男女兼收，一律平等。聯邦三軍官校早已隨潮而流，但維州軍校為維持傳統，以各種理由及資源人力在各級法庭上周旋阻攔。

但在一九九六年，聯邦最高法院判決公立純男或女校學府違憲後，維州軍校承認大時代來臨，開始接收女生申請就讀。有一些美國純男性公立學院，採取消極抵制，推出各種花樣及障礙，使女生艱難融入而知難引退。但維州軍校自董事會以下，以「榮譽、守法」為原則，不搞小動作，誠心履行聯邦法庭判決指示，增加吸收有興趣及符合標準的女性，盡力製造正面環境，使有志來維州軍校汲取經驗的女生，能

成功融入畢業。我在董事會的八年中，親身體驗到這種從上而下、高貴守法的道德精神及言行合一的行為準則，實為該校歷久不衰的基因。

在我離開維州軍校董事會時，該校已有百分之十的學生為女性，並有不少女生經由自身努力及本能，逐漸爬升到學生團體各級階層內，擔當領導的職位。

從清晨起床號到晚上安息號，排得滿滿的課程、操練、體能及各項活動，真謂分秒必爭。所有學生必須學習善用時間及緩急有序，才能從容地日復一日，這個基本生活的安排習慣養成，往往不知不覺中成為該校畢業生未來在社會上成功的基礎祕訣。也難怪許多美國大企業及各級政府，均樂意優先引用維州軍校的畢業生。

這八年的寶貴經驗，我得幸親身見到經營維持這個德、智、體、群兼顧的百年老店高等學府，如何不斷自求創新，適應潮流及展望準備未來，目睹其與政府企業交涉技巧，軍方聯繫計劃培植，學術教育界交流及最重要的財務資源分配等。更因此機會，得以結識到許多維州的「長老」，更深切瞭解到這個美洲最早開發的殖民地，獨立戰爭最後必爭之地及南北戰爭主要戰場的維吉尼亞州，其獨特歷史及文化背景。

人生的旅程，充滿了各式各樣的機會。當其呈現時要及時把握，並善加運用，想不到的機會，往往可以更改一個人行走的方向，及達到不同層次的目標。

　　我自認，很幸運地接觸到一些從天而降的機會。更難得的是，隨這些機會而來的幸運機緣及在關鍵時刻碰到的貴人。這些機運使我達到意想不到但能盡力發揮的境界，我真何其有幸！

退休儀式，美陸軍後備軍司令 Jack Stultz 頒發美軍排名第四高位的「DISTINGUISHED SERVICE MEDAL」。

准將晉階儀式後，與嘉賓合影（左起彩汕、國會議員 Moran、助理部長、軍醫署副署長、維州州長夫人、我、VMI 校長夫人及維州眾議員）。

對指揮部及下屬單位官兵精神講話。

國防部助理部長及彩汕替我掛上一星官階。

一星准將時，軍區司令授旗佈達。

維州海軍基地核子航空母艦作客（CVN69），彩汕在艦長座位
留影。

老友聯邦參議員與前維州州長 Warner 在我寓所留影。

授階晉升二星少將。

我的二星將旗正式亮相。

老友聯邦參議員 Hatch 參加我在鹽湖城指揮部的二星晉階典禮。

退休當日，與彩汕在辦公室合影留念。　　807 戰區醫療指揮部成軍佈達。

退休晚宴上，與美南戰區陸軍司令及加拿大陸軍上　　與我指揮部三位准將副司令合影。
校代表合影。

參加下屬單位晚宴演講。

台北家居全家福。

陸軍戰爭學院畢業典禮，與時任陸軍
參謀總長的四星上將新關將軍合影。

姐弟四人同時在台北市女師附小就讀。

晉升二星少將晚宴與母親合影。

美國歐巴馬總統在我退休時寄來的親筆信箋。

戰爭無情，生命無價。華盛頓郵報刊報導我代表陸軍主持在阿靈頓國家公墓的軍事葬禮。

# 將軍路

## 高－尼法案

因國情、歷史及社會文化背景差異，每個國家軍事系統文化也有顯著不同。同樣地，各國軍方將領的培育及養成也因勢而異。我有幸能做到美國陸軍的二星少將（Major General），亦藉此回述一下我的「將軍路」，並介紹美軍，尤其是陸軍軍官養成的環境及其過程。

自越戰後，美軍採取募兵制，並開始縮減三軍兵力。一九九○年代，冷戰結束及在第一次伊拉克戰爭（沙漠風暴）後，軍事科技飛躍，以科技替代人力的模式進展，也實地得到驗證。戰後即開始大舉快速裁軍，以精兵配和科技為目標。自二○○二年以來，雖然同時經營兩場區域戰（伊拉克及阿富汗），但截至目前為止，美軍兵力僅暫時少量增加到包括正規、後備及國民兵的二百七十萬人，其中包含了近六百名陸軍將官率領的約一百二十萬陸軍各級單位官兵。

基本上，美軍的將官分兩種，一為部隊帶兵的司令官（Commanding General），另為高層指揮部的幕僚專業將官

（Staff General），各自分配相比職務責任及清楚的軍令劃分。一般言之，帶兵的將官職權較大，但同時其責任及負擔也相對加重，所管職責要求較為複雜，必須同時兼顧負責所屬單位的人事、訓練、後勤、情報、通訊及資源調配。職位任期為兩年，如不出大紕漏或其它因素調職，大多可再延任一年。幕僚將官多在三星以上的指揮部或軍種總部主管主要業務，例如參謀長、行動訓練、人事後勤、情報通訊及特屬專業管理。這類將官不擁有直接部隊指揮權，凡事要經過其上司指揮官發佈軍令，調度管理。

除了各軍種內部的指揮系統外，美軍還擁有十分成熟有效及富有實戰經驗的三軍聯合協調指揮作戰組織。

這個現代化聯戰系統，起源於雷根總統任內，他大力整頓重建國防，增加軍費及強化美軍訓練及作戰能力。然在一九八三年十月，因古巴嘗試輸出革命到加勒比海的小島國格瑞那達（Grenada），並在當地大肆興建軍事工程及增長機場跑道，以加強該島國的軍力，這些行動嚴重地危及美國在其後院的基本利益，及加勒比海和中美洲的穩定與平衡。雷根總統毫不猶豫的下令，以保護僑民及在當地醫學院念書的美籍學生安全為名，出動三軍聯合行動，進佔該島國，並驅逐古巴顧問及軍隊。該軍事行動由海軍獨立號航母戰鬥群帶

領主導，海軍陸戰隊搶灘及陸軍步兵登島佔領。

　　這是一個極為懸殊的殺雞用牛刀一面倒的軍事行動。不出數日，美軍即完全控制全島，俘獲所有古巴部隊及大量軍火，宣告勝利。美軍雖然輕易地達到政治戰略目的及完成軍事戰術行動，但卻也大幅暴露出美軍三軍聯合協調的許多盲點。初登上陸的陸戰隊及陸軍部隊，無法有效直接協調與海上及空中的火力支援，各軍種間的通訊聯絡也困難重重，指揮系統的混亂自不在話下。戰後，美國會參、眾兩院的軍事委員會，相繼檢討、研究，熱鬧非凡。

　　最後，一九八六年由當時的高華德參議員及尼克斯眾議員聯合提案，並經參、眾兩院通過的「高－尼法案」，徹底重新制定三軍聯合作戰系統及協調方式，同時規劃三軍聯合指揮制度及其人事、訓練、後勤的統一方針。在三軍參謀總長聯席會設立主席，直接向總統負責。這個法案是自一九四七年國安法（National Security Act Of 1947）後，迄今最具影響力及深遠的國防法案。

## 聯合戰區

　　自第二次世界大戰後，美軍協防條約遍佈全球，在五大

洲都有基地與駐軍。為便於劃清職責及踏實地對區域瞭解，「高－尼法案」成立了區域性的「聯合戰區指揮部」（Theater Combatant Command），首先設立的太平洋、中央（中東）、南方（加勒比海及中南美洲）及歐洲，後來又增設了北方（美、加、墨）及非洲聯合戰區。各聯合戰區指揮官均為四星上將職位，除太平洋聯合戰區按傳統及其地緣政治影響，一直都是由海軍四星上將擔任外，其它的戰區指揮官，由三軍及陸戰隊輪流擔當。

戰區指揮部下設陸、海、空及陸戰隊指揮部，各由該軍種的三星中將或四星上將任該戰區的軍種指揮官。同時聯合戰區指軍部下也設有聯合後勤及醫療指揮部，由二星少將主管。我在陸軍最後的一個職務，就是兼任「南方聯合戰區」下的戰區醫療指揮部指揮官。除了以上六個地區性的聯合戰區外，另外還有四個特別功能的三軍聯合指揮部：聯合特種作戰指揮部，聯合三軍運輸指揮部及戰略太空指揮部，由三軍輪流擔任其四星上將指揮官。而最近成立的「網路作戰指揮部」（Cyber Command），其四星上將指揮官也兼任「國安局」局長（NSA）。

## 八〇七戰區醫療指揮部

我所指揮的陸軍八〇七戰區醫療指揮部，平時管區由俄

亥俄州以西，包括二十六個州，轄有十二種不同功效的醫療部隊共一百二十一個單位，約一萬一千名官兵。這些陸軍後備野戰醫療部隊，包含了所有現代醫療系統及公共衛生所需的組織，一切自給自足，可以在短時間內輸送到各角落，及時營業。我的責任就是要確保所屬部隊的兵源、人事、訓練、裝備保養，後勤支援及資源調配。

我的第二項任務，是支援正規軍的醫療所需。自九一一反恐之戰開始迄今，我們提供了絕大多數在伊拉克及阿富汗戰區的醫療設施與人員，同時也支援在歐洲及科威特的美軍地區軍醫院。

做為美軍南方聯合戰區的戰區醫療指揮部，我們負責協調、支援及籌劃美軍在加勒比海及中南美洲的軍事行動和人道救援。我們也輪調人員主持設在宏都拉斯宏美聯合基地上的美軍地區醫院。在我三年半的任內，遍訪所有中美洲、南美洲和加勒比海的重點，也碰上了二〇一〇年一月十二日的海地大地震災後救援。

在南方聯合戰區內，地區穩定及安定是美國的核心戰略目標。我們的策略就是支援美國駐各國大使館及當地政府，加強各國經濟發展、政治民主、社會繁榮及民生康樂。經由美國駐地大使及軍事顧問團協助，我拜會了許多當地政府及

民間醫療組織，擬定合作項目及目標，加強雙邊或多邊醫學交流，增進當地醫療水準。每年我們都會計劃，選送各種醫療隊到許多窮鄉僻壤，為民服務以增強當地政府的合法性及人民向心力，純粹為美國軟實力外交做前瞻。

## 將官甄選

年度的將官甄選，由各軍種將官管理辦公室負責，先擬定合格後選人提名後，交付將官選拔委員會決定。該委員會由三及二星將官組成再加上一位三或四星主席，經多次不記名投票及委員閉門研討後，擬定一份建議名單，上呈各軍種參謀總長及部長審核認可，並有專門部門再進一步詳細調查每一位候選人的背景及人事資料，完全無誤後才交由國防部長簽屬建議總統提名。

經白宮人事室作業複查無誤後，由總統以三軍統帥之名提交國會參議院，要求參議院認可，等到參議員全院投票認可通過後，這才完成了過五關、斬六將的提名認可程序。之後擇期任命接式，才可正式進升掛階。

我曾被選派參加將官選拔委員會兩次，親自經歷了這十分細膩、公平及制度化的過程，也深刻瞭解體驗到，現代美

軍將官的養成不易及其嚴格的要求條件。

## 養成教育

在美軍，從基層尉官起，每一個階段都必須進入不同層次的學校，訓練準備以適應擔當進一步官階職務後的加重責任。例如：初級軍官班是升上尉，高級軍官班是升少校的必備基本條件，若想再上層樓升中、上校，各軍種的指揮參謀學院畢業是不可或缺的一環。

陸軍將官管理辦公室（GOMO,General Officers Management Office）初步審查當年將官候選人時，其基本標準注重:「教育」、「訓練」、「職務經驗及考核」、「身心體能」及「人品操守」。

絕大多數將官都具有民間大學的碩士學位，更不乏一些名校的「博士將領」。在軍事教育方面，各軍種的戰爭學院或國防大學畢業是一必要條件。

幾乎所有陸軍將官，都有擔任「營長」的職務經驗。在美陸軍建制下，「營」是個最重要的基礎獨立作戰單位，也是開始經營管理複雜的人事，訓練行動及後勤通訊，互相關連之起點，這也是一個領導才能的試驗場。如在這個「營長」

職務上取得優秀的成果，其經驗表現可預測反映該軍官的未來潛力。一般言之，在營長任期滿後，多希望能到「師」以上的指揮部，做個一、兩任參謀官，廣增見識及學習大部隊管理。出來後，若被選做「旅長」，則其資歷即達到「幾乎圓滿」的地步。

「身心體能」是軍中領導必備要件，尤其陸軍因其體能所需，對體格的要求也一視同仁。想想在地面戰場上，體力、腦力的壓力及挑戰是多麼鉅大，做領導的必須隨時面對危機應變及保持頭腦清晰，才能做出明確理性的決定。美陸軍規定每六個月就要體能測驗一次，它包括體重、二哩短跑、伏地挺身及仰臥起坐，要通過標準才可就學，調職及晉升考慮。

「人品操守」，是個十分棘手的項目，尤其是軍中領導者，因握有軍令大權及全面掌握屬下的生活福利，若上樑不正則後患無窮。人性弱點，往往受到位高權重的負面影響而把持不住，輕則造成工作環境污染，重則嚴重促成人生安危問題及組織崩潰。

這一陣子，美國新聞報導一些美軍將領行為不檢而被調查、撤職，甚至軍法審判。各方議論紛紛，不知是否因為長期戰事的壓力而模糊了是非判斷能力？或許在戰場上的戰功表現優異，而影響上級對其私人操守的忽視？好在美軍有健全的內

部檢查系統，得以及時察覺，偵辦不法或不當行為。從大角度來看，這些丟人現眼的高級軍官，好在只是十分少數的害群之馬，但也充分顯示出「居高思危，以身作則」的重要性。

## 陸軍戰爭學院

一九〇一年十一月二十七日，在華府的 Fort McNair，由當時的老羅斯福總統（Theodore Roosevelt）主持新成立的陸軍戰爭學院（Army War College）開學典禮，也展開了這所歷史悠久、盛名全球的高等軍事研究學府百年作業。該學院的宗旨是培養具有戰略宏觀的領導軍官及政府文官，同時也從事國家安全及國際地緣戰略研究的智庫，百年來造就出無數的美國及友邦軍事及政治領袖，並促成不斷的軍事思想及制度上革命性改進。

一九四〇年初，因二次大戰影響，該學院暫停數年，戰後遷離華府到賓州，在充滿鄉村風情，遠離繁華城市，到南北戰爭最重要戰役所在的蓋德斯堡旁 Carlisle Barracks 落腳迄今。

陸軍戰爭學院首創大戰略研討觀念及其獨特的小教室、自由研討教育模式，多年來以豐富的軍事史料及不斷發表有關古今包含軍事、外交及經濟大局勢研究報告論文，吸引了

許多非軍界的注意，也瞭解「戰略」不只是軍事或國安專用術語，也可延伸到社會、政治及大企業。

許多美國民間跨國大企業，逐漸瞭解到「戰略」的價值及增強經理人員對全球化的觀點，紛紛與陸軍戰爭學院合作舉辦短期專業訓練。美國奇異公司（GE）在 Jack Welch 當家時，開始選送該企業中具有潛力的中層管理人員，到陸軍戰爭學院學習，龐大且複雜組織的統御管理及研討大局面戰略思考模式。同時也參考如何培育養成大型組織的未來領導階層。他的高瞻遠見，增強奇異公司成為跨國大企業的代表，歷久不衰，這也正是「商場如戰場」的最佳寫照。

許多陸軍戰爭學院的國際畢業生，學成歸國後，出任要職並負擔重任，像印度前任參謀總長 Gen. Vijay K. Singh 是二〇〇一年的畢業生；最近出名的埃及強人，陸軍參謀長 Gen. Abdel-Fattah al-SiSi 則是二〇〇六年畢業生。

## 我的路

我在一九八一年加入陸軍時，從未有將來做將軍的幻想，只求盡己之力去做事，同時以接受各項戰訓學習及不同職務的挑戰為樂。在做尉官時，我參加通過嚴格及體能消耗的「三

軍聯合戰地醫療班」訓練，也從陸軍高級軍官班畢業。少校時念完陸軍指揮參謀學院，中校不久即被選送陸軍戰爭學院深造，做到上校後又被送到國防大學的國家安全班學習。在不知不覺中，我完成了陸軍將官候選人所有必備的軍事教育，再加上我已具有的醫學博士及後來又進修獲得的公共衛生碩士，在學術條件上，我已超越了基本的必要條件。

在職務經驗上，我也幸運地擔當了一些關鍵性的位子。上尉時，我主管三二二野戰醫院赴歐洲大演習時的急診室；少校時，負責連級單位；到了上校時，正巧碰到九一一恐襲，我剛好被選派上任，做高能見度的華府陸軍華特里德總醫院後備醫院院長（營級單位）。任滿後，又被選派到東南後備軍區司令部做醫療衛生參謀。這些職務，給了我領導統御的機會及管理經驗。慢慢地，有關職務與學術訓練交叉進行，而使我在理論研習及實際經驗上相輔相成、增益非凡。面對日益增加的部屬及責任，均能成功圓滿地達成任務。使得當我獲任選升一星准將時，能從容以赴，毫無畏懼及心虛，多年來的學術進修與實地培植，給了我無限的機會與信心。

一星准將時，我負責管理美南八州的所有陸軍後備醫療部隊，這個職務，給了我珍貴的經驗來管理散佈多處的各種功能專業單位。也深深體會到，在管理龐大組織時，當主管

的不可能也不需要以凡事必躬的親身指導，而必須學會知人善用，分層負責。這種「戰略間接」領導的經驗，也奠定了我後來升任二星少將指揮官時，能從容管理更大的管區、人員及全球責任的紮實基礎。

在這十多年的反恐戰爭中，我從單位主管、軍區參謀、一直做到二星少將指揮官，這真是一段非常特殊的時機奇遇。這個戰時帶兵將領的職務，及其不尋常的經歷，給我帶來了不可形容的責任與壓力。但這一切亦都是我難以忘懷的回憶，我這段路也確實地反映出，在美國社會的公平競爭及機會均等的最佳寫照。

每思往昔點點，我都感到無比的幸運與榮耀。更慶幸的是，我能在三十一年的軍旅生涯中，在每個階段均能圓滿達成任務，最後得以完身而退。

# 領導統御

自有人類史以來，歷史印證，不論種族、文化、宗教或地緣之異，人類合群而居、聚凝成黨，已成放諸四海皆準的進化步驟。古云：「三人行，必有我師。」同樣地，「一群人中，必出領導。」

## 定義

每一人類社會群體，自然地經由不同的方式，產生出領導帶頭的人物。引領這群人，或走向富強康樂之境界，或滑落到貧窮危急的沒落，領導的方式、行為也遍佈不同的極端。有的「凡事必躬」、斤斤計較，所有雞毛蒜皮之事皆管；有的「分層負責」，高高在上，識人也會用人，只管大局，細節則層層自理；也有的「張牙舞爪」，搞得上下戰戰兢兢，如履薄冰；有的專愛「幕後導演」，神龍見首不見尾，高深莫測，往往不知冷箭從何射來。

不同的組織群體，功能需求各異，多種結構組成及經營方式、效果也大有文章，同時對各式領導的要求，也就因時勢而異。

縱觀歷史，各國軍事組織的成敗，對其社會安危福利的影響深遠。軍事領導，成則為英雄，流芳百世，敗者為寇，或成歷史罪人。在美國軍中三十一年的行旅生涯，我由基層尉官做起，身經其中各種階層及不同角度的影響與衝擊，歷經各式型態的上級領導，深深體驗到這經過二百三十八年民主政治體制薰陶，以政領軍的傳統及其領導養成步驟的專業與成熟。僅就我的自身體驗、觀感與眾分享。

「領導 -Leadership」，是一個非常抽象且無科學準則定義，也是無形但十分複雜的名詞。見仁見智，因人而異。基本上，有一些領導因素，是天生俱有的能力，後天無法培養發揮。如同藝術一樣，若不具備先天的基因，再怎樣努力學習，也很難畫出一幅像樣的藝品；或使用樂器，演奏出一段無瑕疵的音樂。反之，雖然具有天生的因素，但若無後天的培養、經驗、教育及機會，也很難成功，做為眾人仰慕、愛戴的頭目。

「領導人 -Leader」，有別於「經理 -Manager」，一般言之，「領導人」注重精神領域的啟發（Inspiration）及具備宏觀遠瞻，見林不見樹般，以最終目標為指綱，做出決策；「經理」則專精執行決策細節，按高層指點行事，以每一階段性的成功為目的。凡事注意細瑣步驟，循序漸進。成功的

領導人，多具有經理的歷練，但高效率的經理，則未必能培養成未來出眾的領導人。

「統御-Command」，是較具體的人類行為，也是一門現代化管理的學問，如何統御，是可以學習培養而取得的知識與能力，領導人以啟發（Inspire）激勵所屬，遙指奔向美好的遠景；經理則強調過程（Process），一步步確定執行最有效的過程步驟，帶領所屬，抵達預定、共識的目標。

瞭解到這些基本不同的定義，方可明確地體會出領導統御的真諦。

第二次世界大戰，主導盟軍太平洋戰區，擊潰日本軍國主義的美海軍五星上將尼米茲（Fleet Admiral Chester William Nimitz），是公認的現代軍事領袖精英之一。他教導後進的銘言：「領導統御，是觀察、發掘、培養優秀的部屬，協助其成長茁壯，以盡力發揮他們的所長，來支援你達成任務。」及「成功的領導人，必須對屬下表現出的忠誠、自律及負責任，給予耐心、容忍及關懷做為回報。」

事實證明，任何團體的成功，絕大數是由於群體聚合、上下一致努力辛勤的成果。也是英明宏觀的領導人，與忠心負責的經理，加上勤奮誠實的廣大成員，相互配合而成，缺一不可。

# 自律

　　就領導人行止來言，我認為「自律」（Self-Discipline）是最根本也是必要的基石。我多次親眼目睹，高學問、廣經歷且善人緣的長官同事，在旭日東升的仕途上，疏忽受惑而不小心踩到「行為地雷」來個前功盡棄，後悔莫及。

　　眾所周知的裴卓將軍（Gen. David Petraeus）就是近期最可惜的例子。

　　我在二○○五年春，剛選升准將，在堪薩斯的 Fort Leavenworth 將官準備班受訓，裴卓將軍當時是該處陸軍指揮參謀大學校長，也負責重新整編陸軍游擊戰法手冊。在陸軍參謀總長午宴時，我與彩汕榮選代表陸軍後備部與總長 Gen. Schoomaker 夫婦和裴卓將軍夫婦共桌。他對世局的見解與在伊拉克實戰的經歷，令人印象深刻，尤其他們夫婦平易近人的風度，更顯出他的親和力。

　　不久後，當伊拉克戰區陷入僵局時，他被小布希總統擢升為四星上將，並派往掌管戰區司令，以他獨特的經歷及對非正規戰爭的瞭解，轉移了風向，壓制伊拉克反政府游擊隊及宗教極端份子，穩定局勢，一戰成名。隨後，在中央戰區指揮官任內，他又臨危受命，被歐巴馬總統欽點，臨時接任

阿富汗戰區總司令之職，順利挽回逆勢，達成任務。是近代軍史上，唯一前後擔任過兩大戰鬥區域總司令的鮮有例子。

完成阿富汗任務後，他又被歐巴馬總統徵召，換下軍服去主管中央情報局。他文武雙全、戰功彪炳的背景，及西點軍校、長春藤博士的學歷，公認其擁有無限發展的前途。不料，因婚外情曝光而被迫辭職，狼狽下台。只論能力，裴卓將軍誠屬少有的傑出現代將領，允文允武、柔中剛陽，為現時的美國陸軍培養出一批新時代、新觀念的年輕軍官群，其中幾位已擢升為現役將官。他對美國陸軍戰略及戰術思想現代化的演變，佔有一席重地，可惜因私人生活瑕疵而前功盡棄，以致悄悄地歸隱山林。

另一個例子，美陸軍退役四星上將新關（Gen. Eric Shinsek），他在陸軍參謀總長任內，在國會作證時，坦誠直言回答參議員，伊戰所需兵力，而得罪小布希政府的國防部領導階層，從此被打入冷宮，加上崙斯佛德部長提前宣佈他的接班人選，使其成跛腳鴨。

退役後的新關將軍，閉門修養，拒絕新聞記者採訪，也不發表公開言論。不多時，眾所周知，伊拉克戰區因兵力不足，一片混亂的發展，完全印證他作證所預測的狀況及兵力需求。但他一秉職業軍人忠誠、服從的原則，及高貴的道德

行為，從未為自己申冤，指責當政權威，而贏得許多軍、政界及民眾的尊敬。

二〇〇八年，歐巴馬當選總統後，力邀他的夏威夷老鄉，及越戰受傷的退伍軍人——新關將軍，出任他政府的退伍軍人部部長。此一任命，眾望所歸。不料，在二〇一四年五月，暴發退伍軍人部因官僚系統舞弊，耽擱退伍軍人就醫的醜聞，造成全國譁然。政客籍機搧火，新關將軍部長為負責任，毅然辭職，以解當朝政治危機，及維持政府正常運作。他勇於負責，不戀棧的無私人格，贏得廣大同情與民眾讚揚。

究竟什麼是「自律」？我認為以下幾點，可以做為成功自律領袖的出發點。

（一）在這個世界裡，沒有任何人是「無法取代」的領導人。有了這個基本認知，方可避免在做到高位後，自傲地認為「非我誰能」，而與現實脫節，注定失敗。

（二）嚴守道德水準及高尚品格操守，隨時以身做則，方可有效地要求部屬遵行同一準則，造就平和融洽的工作氣氛，以增進組織的總體士氣。

（三）保持自身職業專長，以技服人，同時也需要瞭解、知識領域廣闊、學海無邊，人非萬能、若遇疑惑，要不

恥下問，虛心求教。

（四）分層負責，但不可忽視細節。做為領導，切忌大小皆管，而忽略大局，最有效的方式是，以制度化來取代人為治理，細心但不瑣碎，在大原則下，盡量給與下屬發揮餘地。

（五）尊重不同的意見，「忠言逆耳」一點不假，但「三個臭皮匠，抵過諸葛亮。」也非妄言。在成功的組織決策圈內，一定要有雜音、異見，方能以各個不同的角度、觀點，來重複審查，盡可能減少誤判假設，以增進行政、決策的成功率。

（六）肩負責任，不找替死鬼，同時做一個願分享榮耀、擔負責任的領導，在組織內產生連鎖向心力，上下同心協力，面對任何艱難而不潰敗。

（七）不拘泥現狀，勇於嘗試，接受新觀念與作法，隨時保持警覺機動，必要時，能有勇氣做出大膽、冒險的決定，這是在當今全球化、數位化、電訊化的快速變化環境中，領導人必備的條件。

（八）盡量發掘，培養優秀、負責的屬下，一個強力有效的組織，猶如生物生存，要不斷地新陳代謝，方能延續

茁長。

（九）「領導人」要有領導的樣子與魄力，往往群眾只能看到表層，而無法瞭解決策運作過程及緣由考慮。一位領導，若能在台上放散出自信、堅定，及誠懇的姿態、熱量，台下的跟隨者多少會感覺到安全、可靠而全力以赴，或至少願意給予試行的機會。

（十）「溝通能力」，是領導人物必備的表達基礎工具，再英明的決定，若無法有效地傳播給指定的聽眾，也是半途而廢，無法成功。信息的內容，必須要簡明易懂，溝通的方式、言語、姿態必須適當，方能見效。

## 決策

在美陸軍，各階層的大小決定，都需經過一個歷經戰爭，承平及時空人際挑戰數十年，仍屹立的「決策處理程序」（Decision Making Process）這個科學式的程序。下分兩類，一為承平時期，或無時間壓力的「熟慮的審議程序」（Deliberate Process），平時不斷用此方式反覆演練，以挑戰參謀腦力思路，深刻瞭解，熟習決策的程序與步驟，以便於戰時或緊急狀況下，能從容、迅速地轉換到「緊縮性危機

處理程序」（Crisis Process）。

在這個決策處理程序中，「領導人」指定大目標及基本方向，挑選指定討論參與人員，並不時查詢進度及主持每一階段的簡報；「經理」則負責過程細節，檢視一般進度，收集分析各專業評論建議；「專家」不時提供所屬專業角度評估與反應，各盡其能，相輔相成。最後由經理彙集最終成品，並包含至少兩個或以上的決定選擇，加以正負分析與提供決策建議，以提供領導人在充分瞭解背景、分析、專家評估及預測下，做出最後成熟的決定。

這個決策過程，上起戰區的戰略指導，下至排連單位陣前作業，皆可適用，這個經過無數實戰考驗過的決策處理程序，使得足跡全球的美陸軍，享有一個標準，靈活伸縮及實際有效的統御工具。

在當今商場如戰場的全球跨國領域，許多美軍領導統御的經驗與模式，已有效地轉移到其它行業發揮利用。一些美國跨國大企業，紛紛學習、模擬軍方的決策程序，及競相聘請退休將領擔任顧問，協助培養新企業文化及營運，以取得領先地位，以及戰場、戰略上的勝利成功。

# 軍律

「軍令」、「軍法」與「規則」，是軍隊領導統御不可或缺的有效工具，即使在自由民主的美國，軍隊仍被視為不同於一般的團體組織。美國最高法院多次判決中，強調軍隊的軍令與規則，或有可能侵犯到民權及隱私，以維持軍中紀律，尤其在非常時期或戰地需要時，軍紀一定要具備無比的權威才行，這些限制是受憲法保障及許可的。

換言之，軍人穿上軍服後，即喪失一些在做老百姓時能自由做主的人權及隱私，一切以服從上級合法的指令，及軍中頒發的一般規則為原則。例如頭髮的型式、長短，隨身配戴飾物及軍服的穿戴，集體行動及訓練要求，體重、體格的保持，和在戰場上必須服從衝鋒陷陣的命令時，這些都沒有討價還價的餘地，許多誤解自由民主定義的人，往往忘了軍隊的特殊需求，及維持服從軍中紀律的重要性。

同時為防止軍中不良的長官，上樑不正、仗位欺人，趁機利用軍隊要求軍人絕對服從的文化而作威作福，在美軍組織中，特別設立了一個獨立有效的軍法系統，以為平衡。在一個遵守法治的自由民主社會，一切社群的行為舉止，均需法律指導與保護，並不受外力影響，即使在特殊的軍隊文化

環境下亦然。

　　長官可以合法、合理命令下屬，積極加緊體能訓練，以達到軍中既定的標準，但長官不可以隨意認定某一下屬，找其麻煩，以超出常理或軍中標準的體能訓練，做為懲罰而導致傷亡。若有長官假公濟私或公報私仇，受害屬下可以經由軍中獨立的「督察」（Inspector General）系統提出申訴，要求調查，若結論證明長官有違法行為，即可啟動獨立運作的軍法機制，予以糾正、警戒懲罰，甚或刑事起訴違法失責的長官。

　　美軍部隊指揮官的權限極大，對屬下的合法控制也很嚴密。基本上，給予各級指揮官相當寬廣的行事環境與決定權利。到了將軍階層的指揮官，因所屬官兵人數眾多，職責沉重，更是具有十分寬闊的自由意識及執法權。

　　一般的軍事法庭，都是設在至少二星將官指揮官管轄區，授命組成與審判。陪審團審判結議後，案子結果需呈上該管區將軍指揮官批准生效，或是撥回重審，也有可能該指揮官不同意審判結果，而改判無罪定案而無法申訴重審。多年來，這個特殊獨立的軍法制度，不論是承平時代或烽火戰地，國內國外皆行之無礙，有效執行，使得美軍得以順利在全球部屬，而能維持良好的軍紀。

近幾年來，一些軍中性騷擾事件，沒有得到應有的關注與公平審理，引起許多女權團體及民權組織大聲抗議，且得到不少國會參眾議員響應，成立調查小組，深入研議，督促國防部嚴加再教育及重新修訂規則管理官兵的生活行為。在國會聽證會後，協助受害者法律補救，並積極討論軍法修正案。其中最受爭議的提案，是將軍中性騷擾的案子，交由民間刑事法庭承辦，而將當事者的指揮官排除在外。這個修正提案，得到許多女權組織支持，但因侵蝕到指揮權的管轄，而削弱了軍隊指揮系統的效率，這定會產生體制與統御的副作用。

經過國會諸公的熱烈討論，以及冷靜的思考後，這個修正案未能通過。但經過這些公眾議論、媒介報導、國會介入及軍方自我檢討，修改規則之下，未來軍法系統對性騷擾的審理、判決，及指揮系統處理過程，將會更公開及合情合理。經過這些挑戰後，仍能保持軍中傳統性的部隊指揮官職責與效率，同時軍紀、軍法的運作，與官兵福祉亦得到公平保護，未受到時代風潮及社會情緒的影響，實為大幸。

在我擔任八〇七戰區醫療指揮官時，指揮部組織設有軍法處及督察長室，各由中校軍法官及中校督察長負責業務，他們直接向我一人負責，既使我手下的一星副司令或上校參謀長，都不能指使或過問他們所處理的業務，以保持軍法與

督察獨立。相對的，若我的下屬單位、官兵，對我的行為、政策不滿有異議時，他們可以申訴到我的上司，三星指揮部內的督察室，要求調查、救助。更有甚者，若屬下有怨，可以直接聯絡他們的聯邦參眾議員申冤。

我多年的軍中經歷，不論是管人還是被人管，均證實這一系列的互相牽制系統，是十分合情、合理、公正、開明的管理工具，亦使我能有效且無顧忌的領導統御所屬一萬二千名官兵，並贏得他們的信任。

# 動員出征

## 越戰經驗

歷經二次世界大戰、韓戰及越戰，美國三軍兵員逐漸減少，尤其是越戰後在一九七三年尼克森總統任內的兩大國防政策改變，深切地影響到美國國防姿態及人力思維。一是以「募兵制」取代行之已久的「徵兵制」；另一為正規及後備軍力的攻效資源平衡。

前者為現代科技進展的影響，近代立體戰場及長距離、高火力武器發展，已不需要，也無法再使用大量兵源做近距離的人力戰。這是個無法阻擋的趨勢，再加上反越戰的低靡形勢下，人民厭戰的政治考量，也加速了募兵制的催生。

後者平衡正規軍及後備軍力的攻效與資源，則是在五角大廈內，以陸軍參謀總長 Gen. Creighton Abrams 領導的三軍將領，說服國會兩黨領袖同意的政策決定，其理由為這些將領們的「越戰經驗」。

由於國內政治考量，越戰多年都是自全國不斷徵召新兵

加入正規軍參戰，服役戰場一年後退役，而沒有動員遍佈根深全美各鄉鎮，已經訓練及稍有經驗的國民兵或聯邦後備部隊，以避免觸動地方政治經濟的反彈。三軍將領們認為，若把一些必須的戰地功能，如後勤、運輸、醫療、工兵，甚至部分步騎兵放到後備部隊中，則以後政客決定參與海外戰事時，必須同時動員這些深植全美各地的鄉土軍力與正規軍一齊行動，而引發全國的注意及辯論，以為政客參與海外戰事衝突的牽制及考慮，同時亦可保證，若未來美軍參與海外戰事，將獲得國內民眾的支持。

這兩個影響深遠的政策改變，雖歷經兩次伊拉克戰爭及長達十三年的阿富汗反恐之戰，但仍然引發許多爭論迄今。

## 後備部隊

基本上，自獨立戰爭後，美國一般國情與民意是，反對掌大權的聯邦政府擁有強大的正規軍隊及武力，而傾向「藏兵於民」和「臨時徵兵」以應付突發危機。待衝突結束後，立刻大舉裁軍復員。遠如一八四六的「美墨之戰」、一八六一年的「南北內戰」、第一及第二次世界大戰、韓戰和近期的越戰。近代一九九一年的「沙漠風暴」伊戰，雖然是以全自願募兵制參與戰事，但戰後立刻執行冷戰後早已擬

定的正規軍裁軍計劃，這都是出於同一模式及歷史心態。

　　在這樣的歷史及國情背影下，產生了美國獨特的後備部隊系統——國民兵（National Guard）及聯邦後備軍（Reserve Forces），以補助正規軍在戰時之需。近三、四十年來，雖面對科技裝備現代化及衝突反應時空的緊縮，精簡後的美國三軍正規軍與相輔相成的後備部隊，面對挑戰仍能從容以赴，圓滿達成任務。

　　目前，美國後備軍力與正規軍是一比一，且其戰力與裝備也因十四年反恐之戰而大幅提高，不可忽視，至少在可見的未來，美國軍力分配大致不會巨幅更改。

　　「國民兵」的前身是北美州最早期成立的「殖民地民兵團」（Militia Regiments），起始於一六三七年用以保護波士頓附近的移民殖墾區，隨後跟著大量移民來到新大陸而慢慢擴張到每個殖民州。在反抗英國的獨立革命之期，全美十三個殖民州的「民兵團」絕大多數的官兵響應起義，聯合起來組成由華盛頓將軍領導的美洲大陸軍團（The Continental Army），最後在法國協助下擊敗英國皇軍，得到最後勝利，建立了美利堅合眾國。

　　目前，國民兵遍佈全美五十州、華府、哥倫比亞特區及關

島、維京群島、波多黎各等屬地，平時國民兵由直屬各州州長管理、調動，戰時則由聯邦國防部動員統一指揮。自第二次大戰後，空軍從陸軍航空隊分出而成立其獨立的軍種。因之，每州的國民兵也分成「陸軍國民兵」（Army National Guard）及「空軍國民兵」（Air Guard）。各州的國民兵由一位二星少將任該州的國民兵指揮官（The Adjutants General），平時直接向該州州長負責。在聯邦國防部組織內，陸軍及空軍國民兵各有一位三星中將主管，以協調各州國民兵間的統一規劃人事、訓練及裝備，同時也代表全國的國民兵參與各軍種的計劃及資源分配。另有一位國民兵四星上將，主管所有國民兵事務，並擔任主管國內防務的「北方戰區」副司令。

國民兵平時的主要任務是負責各州的災難救助及平息民間暴動，國安緊急時則由聯邦國防部動員接管，調度以輔助正規軍。超過百分之九十的國民兵人事經費、訓練、裝備均由聯邦政府支付，州政府則需負擔州內任務開銷及基本人事費用。

自「沙漠風暴」第一次伊戰後的檢討，五角大廈重新分配國民兵及聯邦後備部隊的主要任務及裝備。各州的國民兵強調以作戰任務部隊為主，包括步、騎、裝甲、炮、特種及戰術空軍，而聯邦後備部隊則專注後勤及專業支援，例如通訊、運輸、後勤補給、醫療、工兵、民政軍法及空軍運輸、

加油等支援性陸空軍。

「聯邦後備部隊」起始於一九〇八年，由三百六十位醫生組織而成的「後備軍醫團」（Medical Reserve Corps），成立不久即投入第一次世界大戰歐洲戰場，並動員支援遍及全球的一九一八年「大流行性感冒」（The Great Influenza）。此後聯邦後備部隊不斷擴充，並包含了其它專業——運輸、通訊、後勤、工兵等等支援部隊，逐漸演變到目前的各軍種均有其所屬的聯邦後備部隊。

每一個軍種的聯邦後備部隊，由一位三星中將任總司令，負責所屬部隊的人事、訓練、裝備，並代表參與國防部及各軍種總部的政策協調與研發，以及到國會聽證以爭取各項經費支援及福利。

在第二次世界大戰時，首批在諾曼第登陸的美國四個步兵師，其中的二十九步兵師就是以維吉尼亞州為主的陸軍國民兵。

當今這十四年的反恐戰爭，許多後備將領及各級後備指揮官也被賦予戰地重任，完全勝任地直接負責指揮各地正規及後備部隊，圓滿達成任務。在我多次前往戰區，參與指揮官簡報時，大家均一致同意，在戰地基本上根本分不出正規與後備之別，全美軍只有一個標準，沒有正規與後備之分。

例如在二〇〇五年中，在伊拉克的一半作戰步兵旅，全部都是來自全美各州調防來的國民兵步兵旅。

在戰爭的壓力及有限度兵源下，後備部隊接收了一流裝備、器材及增加平時訓練經費。在這樣的大環境下，天時、地利、人和，使得後備部隊能全力以赴，能與正規軍相輔相成，後備部隊已從「戰略性後備」（Strategic Reserve）轉變成「作戰行動後備」（Operational Reserve）。但在二〇一四年底，美軍撤出阿富汗，全面大幅削減國防軍費及有限度的裁軍，未來的後備部隊能否仍能得到同樣的財政支援、訓練及任務，則是一大挑戰及未知數。

「半軍半民」是後備軍人的最佳寫照。除了少數全時支援人員在各級單位基地工作外，原則上，後備部隊的官兵都是自願加入的「半工」人員。絕大多數的後備官兵都有民間全職工作，平時參與每月一個周末及每年兩周的集體訓練。但在這十三年的反恐戰爭下，不斷需要動員後備部隊前往戰場，通常在兩、三年前部隊就收到通知，告知會被動員調防到海外，而開始加強人員準備及密集訓練，最後的六至八個月更增加戰地訓練的需要及體格檢驗，通過最後集體測試，才能調派戰地。

可想而知，這一兩年的準備期間內，後備官兵要同時協

調民間全職工作及後備部隊的「半職」集訓，這往往是所有後備官兵的雙重壓力及最大挑戰，再加上照料家庭的需求，這精神及實質的平衡，需要極大的能耐及支持，倘若碰上不關心的老闆及同事，往往民間職務所需及家庭的壓力，均會大大超越軍事訓練、體能及精神的負荷。

好在美國有完整的法律保障，加上民間一般敬軍支援的精神（已數不清多少次，我與下屬著軍裝在餐館吃飯，飯後才發現帳單已被不知名的臨桌食客代付了），使得這十三年來，後備部隊得以順利大幅動員支援正規軍達成任務。

## 徵兵 · 募兵

受到高科技發展及國際地緣政治的影響，大多數現代國家的國防政策也都跟著調整，以適應社會變遷及大環境的演化。「人源」與「裝備」是國防戰略不可或缺的基本要件，其中尤以「人力資源」是最複雜且敏感的一環。武器裝備固然十分重要，但往往在戰場上的決定性因素是，作戰人員的士氣、素質、軍心、訓練及「為何而戰」。在歷史上有無數的中外例證，少數及低劣裝備的軍隊，一鼓作氣在戰場上擊敗具壓倒性優勢的敵對部隊。或許多年後的未來，人類戰爭可能會演化到完全科技機械互鬥而無人參與，但至少在可見

的未來，人類間的衝突還是以「人」為主。

從另一角度來看，當今的國防基本思維，已不需也不可能以「人海」去對付「火海」，因此許多工業化國家，早以「募兵」取代全面「徵兵」，以適應國內政治經濟壓力及國安需求。

每一個政策都有其利與弊，徵兵或募兵亦不例外。如果純視國防人力資源為戰場上的需求，則徵兵的貢獻因科技進化而日益沒落。但如視「徵兵」為廣義的「國民義務」，那麼社會就應該以廣視角度來衡量及設計其轉變。

美國自一九七〇年代執行「募兵制」以來，歷經多次大規模戰爭，而均能圓滿達成軍事戰術目標，證明了其政策實用的可行性。

現代的軍事裝備及通訊極其複雜，三軍立體聯合作戰，需要高度協調與配合，往往基層操作人員需要經過長期的基本訓練，方能進入狀況，再經一、二年協同演練，才可達到熟練地步。目前，美國募兵的合約是六年，約滿可續約，做滿二十年後可以退役，享有終生俸及各項軍方福利。不過迄今只有百分之二十左右的募兵人員服滿二十年退役，絕大多數都在最初的六年約滿後退離軍職。

在伊拉克及阿富汗兩戰打得火熱時，每天報章電視在戰

場做實況報導，美軍傷亡不斷上升，但仍有許多年輕人自願加入三軍，尤其擔任前峰的陸軍及陸戰隊。我到各處巡視部隊時，有一固定項目，即是與新加入的官兵座談，以瞭解一般狀況及社會反應，我常問他們：「明知充軍危險，但為什麼仍加入陸軍？」當然有些會給我「愛國」、「責任」等官樣回覆，但絕大部分均具實以告：「冒險找人生目標」、「賺足夠國防獎學金以備退伍後去念大學」及「學一技之長」等實際充軍原因。

「募兵」是一項十分昂貴的政策，除了需要「加入獎金」來吸引年輕人外，還要加上各種福利及具有競爭力的薪資。美國實施「募兵制」已有四十多年的經驗及實際資料，可供客觀研討。

在兵源方面，就素質及作戰能力來看，募兵制不可否認地增加了美軍現代化戰力：兵源方面，以美國的三億人口，足以勝任保持一百四十萬正規軍及一百三十萬餘後備部隊的兵力淘汰換新。在戰事最激烈時，不可否認募兵的壓力頗大，但仍然可以達到最低要求，在十三年的反恐之戰一一渡過難關。

就募兵的素質來看，除了在二〇〇四年及二〇〇六年左右，因戰事火熱、傷亡大增，許多中產階級父母勸說阻止子女參加軍隊，而影響到募兵的素質。三軍募兵標準稍微下降，

僅達到最低兵源的需要。在這段時期中，一些曾有前科非刑事輕罪（如喝酒駕車等）及高中沒畢業（但願意在軍中補修學業）的新兵，得以破例加入。但隨之二〇〇八年的歐美經濟衰退、失業率提升及伊阿戰局穩定，兵源及素質也步步恢復，所有標準也都大幅增強。

　　戰鬥能力增強是所募新兵得到足夠的基本訓練及專業進修結果。每一基層部隊的官兵，都能朝暮相處多年，得以建立紮實的團隊精神，並能互相瞭解及支援。現代化戰爭，已不是個體單兵作戰，各軍種間協調聯合，已成不可缺的基本要素。每一軍種的作戰單位，都必須要具備與其它軍種協調合作的能力與經驗，這些只有在不斷地加強訓練及演習後，才能累積出協同行動的經驗。這種默契方能在戰場上確實達成三軍一體的聯合效力。

　　自「沙漠風暴」第一次伊戰以來，美軍在各個戰場上的表現，足以驗證美軍的三軍聯合協調模式及作戰能力，均已大幅提高到得心應手，靈活運用高科技裝備及戰術的本錢。我深信，若仍停留在「徵兵制」的政策下，美軍的戰力，就是在有同樣高科技的裝備、通訊支援下，也絕不會達到目前的水準，我這些年親身的經驗亦可證實。

　　在財政支出的考量方面，「要馬兒好，就必須給馬兒吃

好草！」這年頭想要擁有高價值的國防，就得準備付出高額的成本。今日美國的國防經費，超過隨後的十個國家國防經費的總額，約佔全世界國防總開支的百分之四十（中國的國防開支約佔百分之十）。國防開支，固可增加國防工業發展及增加社會就業機會，但畢竟這是一個消耗資源的全國大保險費用黑洞。

最近，美國三軍參謀總長在國會預算作證時，均表示對軍中「人員」開支不斷增加的嚴重關切。

陸軍的 Gen. Raymond Odierno：「百分之六十五的陸軍經費用在人事及福利，從二○○一年到二○一三年，每一名陸軍戰士的成本增加了一倍，以目前上升速度來預測，到了二○二五年，又會再加一倍。」

海軍的 Adm Jonathan Greenert：「百分之五十的海軍支出是人事及福利。」

空軍的 Gen. Mark Welsh：「人事成本大約佔空軍預算的百分之三十八到五十，但年年急速增加。」

陸戰隊的 Gen. James Amos：「人事支出，佔了百分之六十二陸戰隊的年度經費。」

從二○○一年到二○一二年間，美國三軍基本薪資上漲百分之二十八，但最具威脅的軍費定時炸彈則是「未來的」人事支出。除了必須保持及逐年增加現役人員的薪資及福利，以與民間競爭高素質的年輕人外，將來退休官兵的退休金及福利累積，將是個不可忽視的一筆大開銷。在經過四十多年的「募兵」制以來，美軍目前有近一百四十萬正規軍，但有約二百四十萬名退役官兵享有終生俸，且金額每年隨物價調整。

　　人事經費，將是任何政府在研考「募兵制」時，必須以長遠規劃來慎重考慮的重要一環。

　　總而言之，在實施「募兵制」時，必須要冷靜研討其「利」與「弊」，及各項客觀因素。國防是政府的基本責任，其影響深遠，必須超越當前政治需要，而要仔細思考戰略目標、預想未來所需、研判國情歷史、經濟社會演變、教育技術發展，及綜觀國際現勢進展環境。

　　國防政策，也不可完全以財經角度來衡量，更要避免受短期政治利益影響。在民主社會中，政黨替換是十分正常的現象，若國防政策的決定基於政黨的需求，則對全國百姓安危保障的基礎有所疑問。一個成功的國防政策，必須有清晰的回答——「為誰而戰」及「為何而戰」這兩個最基本的問題。

〈**阿富汗**〉首訪阿富汗，全副武裝在 C130 座機前。

〈**阿富汗**〉白雪覆蓋美麗的阿富汗冬景。

〈**阿富汗**〉群山峻嶺中與世隔絕的阿富汗村落。

〈阿富汗〉卡布爾街邊小店。　　　　　　　〈阿富汗〉直升救援機緊急運送戰場傷兵。

〈阿富汗〉Salerno 前進基地，背後不遠即是　〈阿富汗〉直升機內飛往阿富汗前進基地。
巴基斯坦，亦是「神學士」的避風塘。

〈**阿富汗**〉阿富汗首都卡布爾聯軍總部樸實大門。

〈**阿富汗**〉Bagram 基地 101 空降師部作客。

〈**阿富汗**〉阿富汗軍警聯訓副司令老友在簡報室重逢。

〈**阿富汗**〉卡布爾巧遇蒙古維和部隊。

〈阿富汗〉再度巡訪阿富汗戰區，安全大幅改善，我的座 〈阿富汗〉直升機下望首都卡布爾。
機也改進為小型噴射商務機。

〈伊拉克〉奢華的胡森行宮改為巴格達美軍招 〈阿富汗〉堪達哈（Kandahar）是阿富汗兵家必爭之地，也是
待所。 神學士塔利班（Taliban）的發源地。

〈伊拉克〉胡森營區內被聯軍首日炸毀的 Ba'ath Party 會議室。

〈伊拉克〉我在伊拉克進出代步的防雷避彈車隊。

〈伊拉克〉令胡森手下心驚肉跳的游泳池刑場。

〈伊拉克〉改為伊拉克聯軍總部的胡森大行宮（Al Faw Palace）。

〈伊拉克〉伊拉克激烈戰區內使用的高科技防雷避彈野
戰救護車。

〈伊拉克〉巴勒斯坦阿拉法送給胡森的大寶座。

〈伊拉克〉在沙漠中，胡森行宮營區內的
大人工湖。

〈伊拉克〉富麗堂皇的胡森大行宮內大廳。

〈伊拉克〉伊拉克戰區 807 前進指揮部與屬下會談。

〈伊拉克〉伊拉克戰區巡視時與隨扈衛隊合影。

〈伊拉克〉在伊拉克戰區與屬下合影（遭遇槍擊事件的心理療養中心）。

〈科威特〉龐大的科威特美軍後勤補給基地。

# 沙漠陷阱 · 伊拉克

## 細說歷史

躺在大量石油上及座落於歐亞兩大洲交通樞紐的中東，是近代史上的火藥庫，同時也是西方列強的沙漠陷阱，踩下去容易，但跳出來則困難重重。豐富的石油儲量，像一把雙刃的利劍，一方面為當地帶來無比的財富，同時也招致各方外來勢力垂涎介入。討論中東事務，必須先要瞭解其歷史背景、文化演變、宗教特異，以及與西方列強百年多來，愛恨交織的關係。

法國在一八三〇年正式佔領位於北非的阿爾及利亞（Algeria），成立殖民地，也開始了與當地人民一百三十二年的鬥爭。同時期，英國也進佔阿拉伯半島的亞丁（Aden），並逐漸蠶食大部分的阿拉伯半島及波斯灣邊的伊朗。帝俄沙皇亦漸由北向南，侵佔了伊朗的北疆，並與日益衰弱的鄂圖曼帝國（Ottoman Empire）屢起衝突。

英、法歐洲列強，一方面在自己國內高唱人權、自由及民主，但另一方面則雙重標準地積極加強並擴張其殖民勢力

範圍，而無視當地民眾的基本權益。英、法殖民政策的統治管理方式略有不同，法國傾向全由法人直接做主來治理殖民地；而英國則採取靈活運用，應勢而異。

在印度大陸，英國使用高效率的專業直接統治，成立健全的殖民政府向倫敦殖民部負責；倘若無法執行有效的直接統治，英國則改為善加利用「間接治理」，以經過當地傀儡政權或用少數部落出面當頭。有實權的英國駐在地官員，也善於利用「挑撥離間」當地不同部落、種族及宗教派系的衝突，大力分化取利。同時，透過當時強大的英國武力，及深厚商業集團為後盾，在殖民地當家。英屬的伊拉克殖民地，即為間接治理的極佳例證。

英國帶頭，在伊朗首先發掘了石油，並予以商業化。一九〇一年英國波斯條約，給予英國獨家開採及使用伊朗石油儲存六十年的權利。當時成立的英波石油公司（Anglo-Persian Oil Co.）即是當今英國 BP（British Petroleum）石油公司的前身。這個獨家石油開發的控制，加上同時期在英國研發成功使用石油的內燃機，促成當時任英國皇家海軍大臣的邱吉爾，做出了極具深遠影響世界海權戰略的決策。他主持的皇家海軍部下令，所有新建英國海軍戰艦自此全改用馬力大、載重強及快速的石油內燃機動力，逐漸取代了速度慢、

人力多及需大量燃煤的老式煤動力戰艦。這個劃時代的爭議決策，也奠定了英國海軍繼續稱霸七海近半世紀之久。

橫跨歐、亞兩洲，不可一世的回教鄂圖曼帝國，在此時期已漸漸式微沒落，連敗於歐洲列強及帝俄之手，除了帝國核心土耳其外，其它下屬各省已無法有效控制，成為半獨立或無政府狀況，提供大好機會給歐洲列強籍口介入。

第一次世界大戰，鄂圖曼帝國政府與德國結盟，以疏解英法給予的壓力。但希望破空，戰敗後帝國徹底瓦解。帝俄沙皇（Romanov Empire）亦被共黨革命推翻，自顧不暇。英法兩國藉戰後「國聯託管」（League Of Nations Mandate）之機會，暗中妥協瓜分中東勢力範圍。法國控制了黎巴嫩及敘利亞，英國得到了巴勒斯坦、約旦及伊拉克。

一九一四年，英軍進駐伊拉克南部，一開始引進英國殖民印度的「直接軍管」模式，以高壓手段治理，引發當地人民起義反抗，日益難以控制。一九二一年，英國政府改變策略，試行經由傀儡政權的間接統治，扶植被法國於一九二〇年推翻的舊當地王朝，並趕出敘利亞的費瑟王（Hashemite King Faisal）及往昔為鄂圖曼帝國軍隊效勞的伊拉克籍軍官，一齊轉進到巴格達成立新政權，出面統治伊拉克，直到一九五八年被軍事政變推翻取代為止。

另外，值得一提的是費瑟王傀儡政權方案成效頗佳，他的兄弟阿布多拉（Abdullah）也被英國送到約旦做頭，並在一九四六年成立迄今仍存在的約旦王朝（Hashemite Kingdom of Jordan）。舉世聞名英籍阿拉伯的勞倫斯（T.E.Lawrence），也就是這個時代格局下的特殊產物。

在歐洲殖民統治下，中東社會精英及知識份子，痛心淪落為殖民地次等公民，他們努力學習吸收西方知識、技術及軍事以為圖強。但其廣大的平民群眾，則排斥外來佔領者的西方價值觀及文化。他們認為，唯有返回伊斯蘭教的基本教義價值，方可擺脫代表基督教的西方勢力，重返伊斯蘭的光輝過去。許多不同源由的伊斯蘭群眾運動，亦在此影響下生根發展迄今。例如在阿拉伯半島（現沙烏地阿拉伯）的 Wahhabi、東非蘇丹的 Mahdi，及一九二八年起源埃及的兄弟會 Muslim Brotherhood。

一方面，以英、法為主的西方中東殖民政府，使用現代化裝備以高壓控制當地社會；另一方面，許多來自西方的文人墨客及探險家，紛紛帶著無知及偏見，參訪一窺這新闢的疆土，並帶回歐美許多膚淺的見解，認為伊斯蘭世界普遍無知及落後，這更使殖民政策有理，也加深了當地民眾對外來西方人士意圖的懷疑及互不信任的惡性循環。

中東及北非人民抗拒外來統治的心思日益茁壯。二次大戰後，全球民族自決及反殖民潮流即一發不可阻擋。戰後美、蘇兩超級強權冷戰對立，這兩超強的綜合國力，大大超越壓制了所有舊歐洲為主的殖民帝國翻身機會，各處殖民地亦隨勢而起，一個個尋求獨立。一九五二年埃及的納瑟（Gamal Abdul Nasser）領導軍隊政變，推翻與英政府合作的埃及末代王朝，又在一九五四年驅逐了不請自來、住了七十二年之久的英國軍隊。

埃及曾是英國經營中東的大本營，失去這個根據地，也敲響了「日不落帝國」殖民政策的安息鐘。一九五六年，英、法及剛獨立的以色列，圖謀以武力重返佔領埃及蘇伊士運河，而被美國艾森豪總統強力斷然阻止。自此，英、法殖民勢力漸漸完全退出中東及北非，但這百多年來抵抗西方殖民的傷痕，卻深埋當地群體的下憶識記憶中，久久不易消失。

與英、法、俄列強相比，美國在中東的早期印象普遍極佳，經由基督教傳教士的努力推廣教育和醫療支援落後貧困地區，贏得不少民心。一九三三年，美國與沙烏地阿拉伯簽訂了尚屬公平合理分享的石油勘採協議，這也奠定了兩國至今仍然友好密切的戰略關係。接著二次世界大戰，美國率領的聯軍打敗軸心國，解放了北非及中東，而使美國聲望日

升直上。可惜隨後因冷戰的關係，為了阻擋蘇聯向中東油源擴張，美英情報系統深深介入伊朗內政，在一九五三年推翻了民選的 Mohammad Mossadeq 政府，代以巴拉維（Shah Pahlavi）的親西方獨裁王朝。

最近解密的美國中央情報局（CIA）「The Battle For Iran Report」，亦證實當年美、英的深切介入。這事件玷汙了美國在中東的正面形象，而且影響迄今。艾森豪總統在一九五六年埃及蘇伊士運河危機時，排除異議，毅然施加壓力，阻止英、法及以色列的軍事計劃介入。使埃及得以完全收回運河主權及保持埃及政權獨立，稍微扭轉了美國在中東的影響力。

一九七○年代，美國政府全力支持巴拉維的伊朗與一九六三年後兵變奪權統治伊拉克的胡森（Saddam Hussein）對抗，迫使伊拉克投向蘇聯老大哥陣營，並換裝蘇聯武器系統。不多久，伊朗宗教革命成功，巴拉維獨裁政策非常不得人心，而被迫逃亡海外，下場悲涼。伊斯蘭教原義派的大教長 Ayatollah Khomeini，也是什葉派的大家長，被伊朗革命政府從法國接回，從此以宗教領政的模式迄今。

一九七九年十一月四日，伊朗學生及革命暴徒群眾，攻佔美國駐伊朗首都德黑蘭的大使館，並扣留人員四百四十四

天，直到一九八一年一月二十一日雷根總統就職日才結束。失去了伊朗這個椿腳，美國政策立刻轉向與伊拉克的胡森重拾舊夢。在隨後的伊朗與伊拉克八年大戰中，美國提供伊拉克即時戰地衛星情報，武器支援及可供軍民雙用的化學及核子儀器，正是所謂的「養虎為患」。

兩伊大戰八年，死傷數十萬，結果是「無輸贏」，糊里糊塗的結束。但這長期消耗的結果，使胡森欠債累累，種下後來侵略科威特的因果。兩伊之戰，也影射了未來什葉及桑尼兩大回教派系的長期對抗。

當然，美國在中東最大的絆腳石，還是以色列與巴勒斯坦之爭，這個問題一日不得解決，美國在中東的聲望與影響力也無法完全穩固。

（本節參考 Rashid Khalidi 所著的《Resurrecting Empire》,2005）

## 沙漠之盾，沙漠風暴

事屬巧合，美國在中東的兩次伊拉克戰事，發生在前後兩位布希父子總統任內。但這兩次軍事行動發生的時空背景及其長遠影響，則有晝夜之別、冬夏之區。猶如曾親身參與這兩次伊戰政策始末的現任美國「外交關係協會」（Council on Foreign Relations）會長 Richard Haass 結論：「一是必須之戰，另為選擇之戰（War of Necessity and War of Choice）。」

一九八九年十一月九日，柏林圍牆倒塌，緊接著四十多年來，由美、蘇兩強主導的民主、共產，東西冷戰也告結束。老布希總統宣示，一個新的世界秩序即將到臨，和平紅利也會由各國分享。豈料言猶在耳，次年（一九九〇年）八月一日，趁超級強權真空之際，伊拉克的胡森總統下令進攻佔領鄰邦小國，也是其最大債主的科威特。一夜之間，獨裁者胡森政權直接控制了全世界百分之二十的石油儲存量，並威脅到隔壁更大的油庫——沙烏地阿拉伯，此非小可的軍事行動，痛及歐美及日本等工業大國的神經中樞。老布希總統立即啟動「沙漠之盾」軍事行動（Operation Desert Shield），調派美軍精銳的八十二空降師，數日內趕到沙烏地阿拉伯協防。並得到聯合國授權成立聯軍，協防中東波斯灣，驅趕伊拉克佔領軍及解放科威特。

一九九一年一月十六日，「沙漠之盾」轉變成「沙漠風暴」（Operation Desert Storm），經過多日的精準大轟炸，隨後在一百小時之內，由美軍率領的聯軍，閃電似地擊潰當時號稱「世界第四大陸軍」及擁有八年兩伊實戰經驗的伊拉克部隊，將其推出科威特並直逼首都巴格達。深謀遠慮

的老布希總統及其國安幕僚，一致同意及時休戰，並在二月二十七日向全國宣告通報：「伊戰戰略目標及聯合國授權目的已達到，除了部分部隊留駐科威特及沙烏地阿拉伯協防外，所有美國遠征軍即刻返國。」

當時一些評論批評老布希總統不順勢進攻佔領巴格達，推翻胡森政權。多年後，老布希總統回憶當時決策的共識：「經過這次羞辱性的戰敗，及兩次大戰略錯誤（兩伊八年之戰及無故侵佔科威特），這位暴戾無能的胡森，不可能繼續撐權，必定會被其屬下政變推翻。」沒料到，多年後胡森政權非但沒有倒台，反而毫無悔意，以更殘暴的手腕，壓平北方庫克族（Kurds）的起義及加緊對內的控制。同時對聯合國化學、生物及核武器管制銷毀小組的工作百般刁難，也因此而種下第二次美軍進攻伊拉克的種子。

這第一次伊戰，是自韓戰後美國首次全國軍事總動員（越戰因國內反戰政治因素，美軍使用及時徵兵政策，而沒有動員後備兵源），同時這也是第一次由全自願的募兵軍隊參與戰役（美國自尼克森總統於一九七五年來，以自願募兵完全取代傳統的徵兵制）。近五十萬現、備役美軍參與「沙漠風暴」戰役，早先估計會有上萬人員傷亡。國防部參謀作業決定，徵召所有現、備役三軍醫療人員，設備支援。我在

一九九〇年十二月也收到陸軍後備軍動員令，報到支援「沙漠風暴」軍事行動。我時任軍醫少校，在受完密集訓練後，被調往位在華府的華特里德陸軍總醫院（Walter Reed Army Medical Center）協助該院擴充數倍容量，以接受預估中的大量傷兵，並準備支援在沙漠中的野戰醫院群。

「沙漠風暴」是軍事作戰史的一個分水嶺，也是現代科技化軍事作戰的處女秀。首次展出精準炸彈、隱形戰機、巡弋飛彈、衛星通訊導航及遙控作戰等等。胡森的部隊為傳統裝備，以量為本。但基本上是既聾且瞎，毫無還手的餘地，不堪一擊地潰敗於以質為主且靈活運用高科技戰術的美軍。

同樣地，我們利用冷戰時期的電腦程式資料，來預估及準備高度美軍傷亡率，也大為失算，白忙一場。戰後總結，此戰役美軍死亡人數二百餘人，且部分是意外事件造成（如車禍、爆破等）。因直接戰鬥傷亡只有六百一十四人，其中一百四十七人為作戰陣亡。戰後的研討結論，因科技猛進，大幅改變了未來戰爭的佈局及戰術。相同地，戰鬥人員傷亡率、傷勢及醫療準備亦需徹底的重新評估。

原本準備好接受上萬傷亡人員的軍醫系統，也幸運地沒被利用到。所有動員的後備軍醫人員與設備，也一一復員，我也在一九九一年五月底解甲，回到我的私人診所。

## 梅開二度

　　二〇〇一年的九一一事件，是自二次大戰日本偷襲珍珠港後，美國國土首次直接受到大幅攻擊，這事件在其國民心理上的震驚，自不可言語。不數日，美國國安單位證實，突擊者是在阿富汗的伊斯蘭極端組織「凱達」（al-Qaeda）。

　　在這個大格局下，全民同仇敵愾，團結一致的支持小布希政府的反恐策略。在短短的數月內，就以極少數的兵力與阿富汗反政府的「北方聯盟武力」，一舉推翻了阿富汗「神學士」（Taliban）政權，摧毀「凱達」在阿富汗建立的據點及恐怖份子訓練中心，迫使其首腦集體轉入地下或逃亡到巴基斯坦，賓拉登（bin Laden）也從此聞其聲而不見影。直到二〇一二年被美中情局偵察到，並隨後被美海軍海豹特種部隊擊斃於巴基斯坦。

　　九一一事件也重寫美國對國家安全保障的傳統政策。自一八六〇年代南北戰爭以來，美國雖歷經參與多次大規模戰爭，但都是派兵遠征海外，而沒有涉及到國內領土。這次國際恐怖份子的攻擊，對美國民眾心理精神上的威脅，遠遠超出實質的傷害。在這種集體心態下，絕大多數國民相信政府的情資研判，並全力支持極端反恐政策的執行。

超過百分之九十民眾瞭解也支持最初美軍進佔阿富汗，並清除恐怖份子大本營的合理與合法性。但十二年後，其支持率已日益下降，絕大多數民眾開始要求美軍盡早撤出阿富汗。一般而言，民眾對小布希總統堅持發動預防性、先發制人的第二次伊拉克戰爭，則一直仍然議論紛紛，迄今未有共識。

　　我曾於二〇〇九年及二〇一〇年，兩度前往伊拉克戰區視察我屬下的部隊官兵，並聽取第一手的戰區簡報。每次出發前幾周，都要經過一系列的「進戰區準備程序」，諸如各種預防針的認可，制式武器測射及戰情簡報。我和指揮部的總士官長在華府會合後，先直飛科威特，該地已成美軍伊拉克戰區的後勤補給中心，絕大部分人員、裝備均由此進出。自一九九一年「沙漠風暴」解束後，美軍即在此留駐龐大的後勤前進基地及軍用機場，以備不時之需。

　　「外行談戰術，內行論後勤。」現代化的美軍，後勤需求鉅大，其雄厚及複雜的後勤潛力，在科威特一覽無遺。

　　我屬下部隊每隔一年輪調負責在科威特 Camp Arifjan 的美軍醫院。我經此地都會多待幾天去探視他們後，再進伊拉克。除了在波斯灣邊的科威特市高樓頂立外，其它地方都是一望無際、光禿細白的沙漠。好在有直升機做為交通工具，

減去不少旅途障礙並省下很多時間。穿越這片廣大的細白沙海，常常飛越一線天似的公路，遠望群群野生流浪的駱駝，及偶爾出現散居荒野的部落帳篷。有時正巧碰上沙漠日出、日落，在空中望其景觀變換，特殊難忘。與當年「阿拉伯的勞倫斯」騎駱駝和沙漠風沙對抗，日行數哩相比，今朝真何其有幸。

因為戰區地面情勢變化難定，我前後兩次的伊拉克之行，感覺極為不同，美空軍的 C-130 專機由科威特的 Ali-al-Salem 軍用機場直飛巴格達。第一次去伊戰局，局勢並不十分穩定，我們與專機組員都要穿上防彈背心，全副武裝並嚴格燈火管制。飛行航道也遠離城鎮而繞道沙漠，最後以左彎右轉式的戰鬥降落巴格達機場。

經過美軍的「軍力大躍進」（The Surge），伊拉克戰區的地面局勢也逐漸控制下來，回教內部的桑尼（Sunni）及什葉（Shi'ite）兩派的殘殺內戰也被壓制下來。我二〇一〇年再度視察伊拉克戰區時，局勢已更為安穩。由科威特到巴格達的航程，因不需繞人煙稀少的航道而縮減一個多小時。同時在機上也不需全副武裝，看到地面上的城鎮萬家燈火，頗有生氣與進展。

兩次赴伊拉克，地面上的行動也顯有差異。首次不論在

基地內外，都是全副戰備。每次外出都是三部防彈多性能SUV車，配帶電子干擾設備以防路邊炸彈；再次訪伊時，深覺到危險度下降，當地政治運轉也漸上軌道，但其內部的宗教派系矛盾及長期深程度的政治危機，將需要一段十分長時期的修復。

在巴格達，我們以美軍「勝利基地」（Camp Victory）為據點，再飛到其它各處探視部隊。這個基地臨近巴格達國際機場，以前是胡森家族及政要的休閒營地（Abu Ghurayb Presidential Ground），現改為美軍伊拉克戰區司令部，至於美國大使館及伊拉克政府仍在巴格達市中心的「綠區」。

這個營區有幾個人工大湖，沿著其中最大的湖邊，胡森建造了一些大型建築物。其中最大也最壯觀的一棟，就是他的「大行宮」（Al Faw Palace），內部富麗堂皇、金光燦亮。中央大廳有數個籃球場大，大理石光亮地面及周邊沖天而上的大理石柱，顯現出正中氣派十足的大水晶吊燈。大門邊有一個已故巴勒斯坦領袖阿拉法送給胡森的手工大寶座，許多來訪賓客，都會坐在這「寶座」上留影到此一遊，無形中，這寶座亦成為一個必遊的景點。這個大行宮也完全顯示出獨裁者胡森不顧民間疾苦、浪漫揮霍的寫照。「大行宮」被徵收做為美軍駐伊戰區指揮中心，在如博物館似的皇宮建築物

中，來來往往全副武裝迷彩的軍人，頗成強烈對比。

我所住的招待所，依湖在「大行宮」畔，據說是胡森母親使用的住處，有時也提供胡森與女友幽會之處。屋內寬大的大理石廳房與亮麗的水晶吊燈相映，傢俱及內部裝潢，極盡仿照法國的凡爾賽宮，但十分流於俗氣膚淺。

不遠處，有兩棟獨特的建築物值得一提。

其一是伊拉克「胡森政權會議中心」（Ba'ath Party Convention Center），建在另一個大湖之中人造島上。湖上偶有微風徐來，悠閒舒暢。在沙漠乾旱環境的巴格達，誠屬可貴。中心只有一條堤路進出，便於控制。另有一座小碼頭，可供胡森及其高官以小艇來往。室內有一個游泳池，但池中無水也不是用來健身之用，此處是槍決高官之地。替胡森做事猶如行走懸崖，伴君如伴虎，一不小心就會遭到懷疑或不滿。常常在會議進行中，毫無預警地被拉出到游泳池就地槍決。泳池深水區的瓷磚，還留有深深血跡斑點。這個會議中心，也是二次伊戰第一個被轟炸之處。會議大廳屋頂被美軍的精準炸彈敲開一個大洞，室內的碎牆斷樑及炸爛的桌椅設備散落一地。胡森幸運地及早離開會場一步，而暫逃一死。

另外一處是紀念胡森逃過一九九一年的「沙漠風暴」之

戰而苟延殘存的「抗美宮」（Victory Over America）。這是一座極大且像似博物館的龐大建築，幾近完工，緊鄰隔壁紀念與伊朗大戰八年的 Victory Over Iran Palace。胡森的怪論是：「打仗不輸，就是勝利」。這「抗美宮」外殼已完工，內部基本隔間及大理石地板、柱子已成形，但在美軍大轟炸下已成廢墟。美軍穿甲炸彈，連穿四、五層樓而炸的戰果，在此廢墟中比比皆是。胡森此人，好大喜功及著重表面，想要留名千古，在巴格達興建了許多浪費民脂的大型建築物及紀念性地標，但到頭來卻是一場惡夢。

伊拉克的夏天十分酷熱，我所經歷過最熱的一天，是在巴格達的華氏一百二十四度（約攝氏四十七度）。雖然是屬於沙漠性的乾熱，但全身戰術裝備及防彈背心密不透風，連呼吸都怪怪的，隨時要不斷喝加了鈉、鉀的瓶裝水，以防脫水休克。機場的跑道也都浮起了一層熱霧，我以為直升機起飛後到了高空會有點涼風吹入，稍減暑氣，但高飛後才發現，吹進機身內的風也都是高溫熱風。

伊拉克除了北部庫克族的山區外，往下一看處處黃土一片，連棕櫚樹林都被黃泥沙蓋上一層。聞名歷史的幼發拉底河（Euphrates）和泰及爾河（Tigris）也是渾黃滾滾。從空飛越，閉目深思，真沒想到，西方文明的發源地美索不達米

亞（Mesopotamia），竟是如此的荒蕪及單調。

## 戰地醫療突破

自從美國獨立戰爭以來，這次的反恐之戰（阿富汗及伊拉克），是美軍在戰場上受傷存活率最高的一次。每十個在戰場上受傷的官兵，就有九人得以急救生存。依權威的「新英格蘭醫學期刊」（New England Journal of Medicine）的研究報導，在開國獨立戰爭時的戰場受傷死亡率是 42%，南北內戰時 33%，第一次世界大戰 21%，第二次世界大戰 30%，韓戰是 24%，越戰是 16.1% 到目前的 9.7%。雖然武器系統逐漸增加殺傷力，但是戰場受傷的生存率卻大幅增加。

這個大突破是由多種因素造就的：（一）戰鬥人員的個人保護系統研發；（二）戰地第一時間救護；（三）野戰醫療衛生系統演進及組合；（四）快速、安全傷患後送；（五）現代醫學知識發展。

讓我一一詳述之。

### （一）戰鬥人員的個人保護系統研發：

現代化的材料及電腦設計，增進傳統單兵個人的保護，

如防彈背心、鋼盔、眼罩、手套、護膝及軍靴。車輛護甲改良及Ｖ型防雷底盤設計，車輛電子偵測設備及無線電干擾遙控的路邊炸彈。

## （二）戰地第一時間救護：

因應現代戰場上武器殺傷力的增強，在一九九〇年代，美陸軍軍醫署長做了一個影響深遠的決定。重新評估陸軍野戰急救系統，從第一線急救兵的訓練，救護車的改裝到重新設計陸軍野戰醫院。其基本目標是在第一時間內戰場上止血、搶救和穩定傷勢的能力，以便後送治療。

評估後的最重要改變，是戰地第一時間（黃金期）的急救訓練。一方面，所有戰鬥部隊的官兵都要接受短期、基本的「戰地急救訓練」（Combat Life Saver Training），以備在戰場上立刻相互救助。另外，專業的「戰地醫務兵」（Combat Medic）需重新集訓，接受更嚴格的高級野外急救訓練，並通過全美民間急救系統的「急診技術士」（Emergency Medical Techanician）執照考試，逐漸淘汰無法勝任或沒有通過執照考試的戰地醫務兵。預計在十年內全面專業化，並按規定每兩年覆考執照。

這個革命性的前瞻決策，一開始遇到不少阻力及反對。

但得到陸軍部全力支持，而得以在十年內順利完成全軍整訓，及時趕上「反恐之戰」。這個革命性的整編，大大地提高陸軍戰地急救的素質及效率，使得所有在戰場上受傷的官兵在第一時間內，能立刻得到正確及有效的急救穩定而增加存活率。

## （三）野戰醫療衛生系統演進及組合：

首先，自第一次伊戰以來，陸軍研發「前進外科小組」（FST: Forward Surgical Team）觀念，並積極裝備成軍。這個高度靈活性的外科小組約二十人，其中包括兩名外科醫生、一名麻醉醫生、數位開刀房護士、呼吸器技術士、急診技術士及司機兼發電機保養士。小組自備活動外科設備、冷氣系統、發電機，及足夠三十六小時自用的油、水、藥品及食物。在抵達指定地點後一小時內，即可接收傷患開刀。該小組是陸軍野戰醫療系統的最前哨，在戰鬥時，每一個陸軍野戰師，都配有數個人人爭要的「前進外科小組」，並由師部決定作業地點。他們的責任單純但極端重要，要立即止血、插肺管、穩定骨折等外科急救穩定手術，以便隨後轉送到野戰醫院做進一步治療。

陸軍的「野戰醫院」（Combat Support Hospital）基本

上就是一所活動的社區全科醫院，麻雀雖小，五臟俱全。野戰醫院可以處理各種傷病患及提供全面化驗、診斷所需的醫學儀器，包括電腦掃瞄 CT Scan。上校院長率領全院五百名專業官兵，從腦外科、護士、司機、廚子到警衛，自給自足，有大量自備的車輛、發電機、手術拖車及活動帳篷，以增加其獨立及靈活性。

另外一個常被忽視，但相當重要的是「陸軍野戰公共衛生系統」。想想，這麼多人臨時群居在一處，吃、喝、拉、撒、睡的衛生安全性是不可輕視的一環。往往戰地因傳染病或不清潔環境而造成大批病患，喪失部隊作戰能力不下於戰鬥的傷亡。

在二次伊戰初期，伊南的英國駐軍經常發生大量官兵瀉肚狀況，嚴重影響戰力。但各地的美軍基地則沒有這個問題，廁所都備有活動洗手枱。在進入食堂前都有專人檢查槍械下膛、身份證明及「洗手」，這看似十分簡單的理所當然，卻是十分重要的疾病從口入預防一環。

另外，美陸軍的「公共衛生」小隊，也四處檢查各基地的水質、糞便處理、營地規劃及蚊蟲控制等預防工作。陸軍的「野戰獸醫連」也主管食物品管、動物傳染病預防及軍犬醫療。這些都是現代化、戰地醫療衛生不可或缺的團隊。

## （四）快速、安全傷患後送：

在戰場上受傷的官兵，在經由戰友或前進外科小組緊急協助止血穩定後，立即後送到最近的野戰醫院治療。前美國防部長蓋茲（Robert Gates）有一條手令：「戰場上，美軍受傷後，在伊拉克不得超過一小時，在阿富汗不得超過二小時（後亦縮減為一小時），就得必須後送抵達野戰醫院治療。」救護直升機，便成為兩戰場上不可缺乏的緊急後送交通工具。

另外值得一提的是「空中加護病房」。傳統上，空軍運輸單位的不成文規定，戰地傷患必須在病情穩定後，方可空運長途後送。其言有理，試想在三、四萬呎高空上的狹窄機艙內，若發生心肺緊急狀況，機上的醫護人員在隆隆噪音中無法診測控制病況。

上一次的「沙漠風暴」，也因此而需要調派許多野戰醫院，到沙烏地阿拉伯就地支援。但這次伊戰八年，只需要不到四分之一的野戰醫院長駐戰區還足足有餘，減少不少醫務專業人員及醫療設備的需求，主要的改變因素是由於現代醫學儀器科技突飛猛進。美空軍醫護系統研發出一系列加護儀器縮小化，將整個加護病房所需的各式儀器，重新設計成靈活迷你的「隨身走」，再加上新型的 C-17 大型長途運輸機寬大機艙，滅音設備及長途續航力，幾乎所有在戰地重傷的美

軍，受傷後的三十六小時之內，就被後送到德國的美軍駐歐總醫院或在華府的華特里德陸軍總醫院，做進一步的治療。我也曾多次前往華府近郊的安德魯空軍基地，迎機慰問這一現代科技結合的「飛行加護病房」帶來的英勇傷患。

## （五）現代醫學知識發展：

眾所周知，當今美國醫學水準十分前進，軍民醫學系統密切相互交流。自第二次世界大戰後，許多在戰場上得到的血汗經驗，很快地就傳授到民間醫學界使用。例如全美各大城的「外傷急救中心」（Trauma Center），及空中直升機救護系統器具。同樣的，許多民間研發出來的醫藥及治療方式，也盡快在戰場上得到驗證，像前述的民間「急診技術士」執照及訓練，由民間研發，從蝦皮提煉出的 Hemcon 止血繃帶，及以火山岩為源的 Quik-Clot 粉用來外傷止血的緊急藥品，也成不可缺的野戰藥。

雖然許多官兵在這十四年反恐之戰受到重傷，但因上述現代醫學進化而得以生存。但也因為嚴重的肢體殘廢，而使往後生活品質的挑戰更加不易。這次大量傷患提供醫護人員熟練治療環境，加強傷患療理及增進傷殘復健研究，這些累積下來的知識及經驗，必然會造福未來病患及增進醫療演進，

這也算是這些不幸事件中的一點安慰吧！

## 餘音尾聲

　　自從二〇〇三年三月十九日美軍第二次進攻伊拉克，到二〇一一年十二月十八日最後一批美軍經由陸路轉進科威特返國止，這八年中有近一百五十萬美軍經歷過伊拉克戰區生活。在戰場上有四千四百八十七名美軍陣亡，及三萬兩千兩百二十三人受傷。多年來在華府的華特里德陸軍總醫院、近郊的畢塞斯達海軍總醫院，和位於德州聖安東尼的陸軍火傷療養復健中心，我目睹了無數傷殘不便，但鬥志高昂不屈的官兵。

　　我也多次在全美各地參加主持陣亡將士的軍事葬禮，再加上多不知數的官兵潛在心靈創傷，這些都是社會為這場戰爭所付出的代價。美國國庫已支出近一兆七百億美元的戰費，及六百億（大部分被浪費掉）的伊拉克重建經費，其投資成效遠低於當年小布希政府的樂觀估計。加上這場伊拉克戰爭的副作用，則深及整個中東迄今，並無可否認地觸及美國的全球戰略利益及國際形象。相信未來史家及學者，必定會在國家解密檔案及當事者的回憶錄中，抽絲剝繭般研究這第二次伊戰的政策決定之謎及其背後黑幕。目前，檢討這場勞民

傷財的實材教育，希望能為未來決策者提供一些血汗啟示：

（一）不可盲目相信強有力的武力，可以擺平天下的挑戰。「砲艦外交」是上一世紀殖民主義帝國所使用的主要利器，但在當今二十一世紀，這種思維已大為落伍。美軍的現代化戰鬥威力及精準，高科技的武器系統可謂舉世無匹、所向無敵。在短短的三周內即摧毀胡森的三軍武力並攻陷首都巴格達，但在隨後的八年佔領期，再強大的美軍，卻被使用二、三百美元一顆「路邊炸彈」為主要武器的反抗游擊隊，及在伊拉克境內三派伊斯蘭教內戰，完全拖下泥沼，進退兩難而擺不平。

近半世紀，因為人類知識、通訊、科技及交通發展不斷躍進，自第二次世界大戰以來，絕大多數武力衝突，不是不了了之，就是僅能贏得短暫的戰術勝利。當今任何強權，想要單靠武力去解決國際間政治、經濟及宗教的紛爭，並取得長久戰略上的影響，已無法保證成功。

（二）切勿忽視歷史背景。瞭解各國歷史、文化及社會的演變是政策制定要素之一。當年小布希總統的決策圈內，缺乏有實際中東事務經驗的立場中立專家，他們也不虛心接受瞭解阿拉伯文化、伊斯蘭教歷史背景，及其社會近代變遷的專家、學者建言，因此才會產生認定伊拉克百姓會「簞食

壺漿，以迎王師」，來夾道歡迎美國及西方解放軍的無知妄想。他完全忽視到不久之前，西方歐洲殖民勢力所加壓於當地的羞辱歷史，及當地一般庶民強烈懷疑和排外的自然反應。

（三）自由與民主的價值觀，是全人類的崇高理想與進取目標。但其推廣則需要循序漸進，逐步而行。當今世界有許多地區的文盲普及、民生貧落，毫無大力推行民主、自由的最基本基礎條件。國際間的先進國家，必須要面對事實認清環境，以慢步播種及耐心來推展培養民主、自由社會的基本要素，例如普及教育、改善當地經濟，尤其是婦女的經濟地位、鞏固中產階級的生活等等。如此，民主自由才會在各個不同社會中逐漸成長，生根繁榮。用強頭式、以上而下的外力介入移植民主、自由定是很難在舊社會中立足生根的。

自美軍撤離伊拉克兩年多來，伊拉克總理 Maliki 及什葉派為主的伊拉克國會，不相信曾當家做主的桑尼派，大藉民主之名挖牆角般的慢慢排擠桑尼派政治勢力，及另一個在北方的少數族裔——庫克族，欲以鞏固什葉派的完全控制伊拉克。庫克族在其自治區內，享有安穩的發展與自由，而被壓制的桑尼部落只能忍氣吞聲，低調只求生存，敢怒而不敢言。

當二○一四年五月，以桑尼教派為主的極端聖戰組織 ISIS（Islamic State of Iraq and Greater Syria），在敘利亞內戰茁

壯後，趁機擴充勢力範圍，以敘利亞東北為根據地，勢如破竹直下伊拉克桑尼群居的 Mosul，胡森的老家 Tikrit 及美軍浴血多次收復的 Falluja，一時具有攻佔首府巴格達的架式。

伊拉克的桑尼派居民，雖不贊同 ISIS 對異己的殘暴手段，也不見得認可其推廣極端伊斯蘭教義的未來社會藍圖，但他們被什葉派控制的中央政府歧視排擠，積壓已久且前途無「亮」，因而站邊觀戰，且無聲暗中叫好，間接支持 ISIS 擊潰以什葉派為主力，但往往臨陣逃脫、不堪一擊的中央政府軍隊。庫克族的自衛軍也不放過此一良機，乘勢接管中央政府軍隊落荒而逃，丟下不顧的石油重鎮 Kirkuk。

這些發展，逐漸地形成北疆庫克、中西桑尼及南方什葉的三國頂立之勢。我十分懷疑，經此裂決，這個由西方列強加諸成立的「伊拉克」國，能否能再重歸於好，破鏡重圓的融洽相處，再試一次來重建這脆弱的伊拉克；或者大勢已去，甚至連邦聯式的組合都無法妥協，而各擁兵自重，走向各自獨立、自主之道路。

不可否認，自第二次伊戰推翻胡森專制獨權以來，伊拉克內部以宗教派系為主軸的紛爭不停，且有愈來愈擴散之趨勢，再加上近期的「阿拉伯之春」如雨後春筍般的四處蔓延阿拉伯世界，引發西方國家大力支援下的人權、民主革命，

導致突尼西亞、利比亞、埃及及葉門換朝代，及敘利亞內戰不止。亦使得今日「伊斯蘭國」（ISIS）蔓延四散，佔領了大片伊拉克及敘利亞的城鄉。一些往昔至少在表面上看似平靜的集權社會，如今卻烽火不斷、難民四散，因果好壞，見仁見智，是非難斷。

　　無論最後結局如何，因伊拉克及敘利亞分裂而引發的連鎖危機過程，必將會匯成一股無法阻擋的洪流，觸及到整個中東的矛盾平衡，而延伸出許多無法預知的後果。動亂下的中東，一定會影響到全球的能源供應及人道災難的蔓延。不穩定的阿拉伯世界，也必定會波及到歐洲、非洲及亞洲的社會安寧，這將是一個十分值得各國注意，需要預防準備，且無法避免的大未知數！

# 阿富汗長征

## 歷史痕跡

　　夾在中亞內陸群山之中，百分之八十疆域都是高山峻嶺，且無出海口的阿富汗，雖與世隔絕孤立，但因地處東西陸路要衝，深具地緣政治戰略地位，自古以來，歷經不少戰役及吸引多次外族入侵佔領。也因此而培養出當地強烈的保守、排外及獨立自主的民風。

　　自從美軍二〇〇一年九一一後，進佔阿富汗，推翻神學士（Taliban）政權及摧毀凱達（al-Qaeda）恐怖組織大本營，不覺已十四年易逝。美軍與北大西洋公約的聯軍，已在二〇一四年底從阿富汗大幅撤退，只留下數千維安及特種訓練部隊。從各角度來看，很難不感覺到，這重複歷史的痕跡似曾相識，欲瞭解今天的阿富汗，則必須知曉過去阿富汗的歷史與文化演變背景。同時也必須要體會地緣政治、地理和地形加諸於阿富汗人民及社會的形成演變。

　　早在西元前三三〇到三二七年，希臘的亞歷山大大帝，率領 Macedonia 大軍橫掃歐亞大陸，一路征服到當今的阿富

汗及巴基斯坦西部的 Baluchistan，並在西元前三二六年到達印度西邊的 Punjab。他所到之處，殺掠摧毀，殘暴鎮壓當地居民。一些倖存的部落長老，帶領殘部躲入山區，反抗佔領軍並準備長期抵抗，展開了阿富汗反抗外侮的艱辛歷史。由於亞歷山大大帝的馬其頓子弟兵舊屬，長年奔波，久疲於戰而不願繼續東征，迫使亞歷山大大帝班師回國。在返回的途中，到了現今的巴比侖（Babylon），不幸感染熱病故去，時為西元前三二三年的六月十三日。

在西元七世紀時，伊斯蘭回教由中東傳入阿富汗，逐漸取代了當地的印度教及佛教宗教信仰迄今。

一二一九年，來自蒙古的成吉斯汗，橫掃中亞，摧毀許多阿富汗的城鎮、農村及其灌溉系統，並高壓佔領多年，迫使阿富汗居民再次離開城市，散居到鄉村務農及畜牧為生，最後因元朝滅亡而獲解脫。

現代的阿富汗，起源於西元十八世紀時的 Pashtun 國王 Durrani Ahmad Shah，首都原設在今日的堪達哈（Kandahar），他的兒子繼位後，遷都到卡布爾（Kabul）。

大英帝國取得控制印度次大陸殖民地之後，為防止帝俄勢力南下，而在一八三八年首度侵佔阿富汗，成立傀儡政權，

施以高壓統治，引發人民不滿，而在一八四二年六月發起反抗，屠殺了四千五百名英軍及印度傭兵。

英帝國於一八七八年再度進侵阿富汗，並以強大軍力為後盾，而控制了全國直到一九一九年。當時的阿富汗統治者，周旋於德、俄、英三強之中的 Abdur Rahman 被暗殺，其子 Amanullah 接位，趁時值第一次世界大戰、歐洲列強自顧不暇之際，啟動了第三次阿富汗與英帝國之戰。雖然英帝國軍隊最後贏得戰場上的勝利，但因參與第一次世界大戰，耗盡其財力、國力，而不得不在一九一九年八月，承認阿富汗獨立。

在英帝國控制阿富汗的期間，其最主要的戰略目標，是防止帝俄勢力南侵，及預防帝俄穿越中亞及阿富汗，直搗英屬印度次大陸，直接挑戰威脅到英帝國在當地的統治地位及政、軍、經濟利益。一八九三年，英帝殖民政府做了一件歷史性的決定，他單方面劃定了一條長達一千兩百英哩的「Durand Line」，以此線做為英屬印度殖民地與阿富汗地區的邊界，其最主要的目的，是以此分割該區域內最大的部落種族——Pashtun，使其一半約一千萬居民留在阿富汗界內，另一半約一千兩百萬人落戶於英屬印度殖民地的西域，即現今巴基斯坦國內。

這個國界劃分決定，未經有關國家、社區同意或諮詢，種下了當地長期不穩定之因，也是當今最頭疼而無法徹底消滅阿富汗「神學士」反抗集團的根源。身為 Pashtun 族的「神學士」政權，被美軍推翻後，化整為零，夾在無數難民群中，一齊穿越阿富汗與巴基斯坦的形式邊界，到了巴基斯坦西北部，以 Pashtun 族人為主的三不管部落自治區。在此避難區內，重整休養，召兵買馬，等待時機，重入江湖。

　　「神學士」游擊隊在此召募集訓後，在初春邊界山峰雪融後，山腸小徑可以通行，一批批的再潛回到阿富汗各地做亂，等到秋末冬雪來臨前，又一一返回巴基斯坦補給過冬。在此庇護區域內，阿富汗或美軍皆無法越界追伐，只能偶爾以無人飛機轟炸高價值目標，也因此循環作業，使得在阿富汗戰區內，激烈的戰役都是發生在春、夏兩季，這個怪象，誠屬大英帝國殖民主義間接留下的後遺症。

　　因地緣戰略之故，俄國對阿富汗的野心，起源於帝俄沙皇時代，欲經由控制下的中亞，過道阿富汗到當時的英帝國所屬印度殖民地，以抵達終年溫水的印度洋。但英帝國緊握長期建設印度殖民地不放，又在阿富汗建立了緩衝橋頭堡，有效地阻擋了帝俄南進野心。此一情勢，在一九一九年開始搖動轉變，當時剛接位的阿富汗統治者 Amanullah 急欲徹底

擺脫大英帝國的影響力，而被俄國共產革命的「人民當家」口號吸引，期盼中亞的伊斯蘭回教徒能重新拾回自主權，掌握未來，同時也能提升阿富汗在中亞地區的舉足輕重。

他無視當時因反對共產俄國在中亞地區對回教徒的壓迫而形成的 Basmachi 反俄運動（此一運動一直延續演變成一九八〇年代的反俄 Mujahidin），他在一九二〇年九月，與共產蘇俄簽訂和平友好條約，得到俄國軍、政、經各方面的協助。他的阿富汗現代化計劃，除了基礎工程建設外，也加強社會生活西化，包括土地改革、婦女教育、禁止當地婦女穿傳統包頭包腳的 Burka 及 Veil，而鼓勵大眾改著西式服飾。這些革命式、快速生活改革，遭遇到強烈保守民風及宗教阻力，引發不斷的反抗及暴亂，最後在一九二九年，被暴力推翻而亡。

接著不久的第二次世界大戰，德、俄及英三國，各顯其力來拉攏阿富汗，使其得以在夾縫中得到喘息。戰後，民族自決及殖民列強勢力削弱的大趨勢下，英帝國忍痛讓印度次大陸區殖民地獨立。一九四七年，巴基斯坦國成立，並以當年英帝殖民政府單方面劃定的「Durand Line」為與阿富汗間的正式國界。這個落地事實，毀滅了以阿富汗為主的 Pashtun 族統一夢想，也是迄今阿富汗與巴基斯坦兩國間，

無法真心睦鄰的根本基因。（本節參考 Martin Mc Cauley 所著
《Afghanistan and Central Asia》, 2002）

## 縱橫複雜的近代史

在第二次世界大戰之前，德國曾協助阿富汗進行基礎建設，包括電廠、電塔、工業廠房及紡織工業。在一九三〇年代，德國與日本亦幫助阿富汗在 Helmand 省修建了兩條主要的農業運河，以增進當地的農業生產，使得糧食不但能自給自足，還能剩餘外銷。二戰爆發後，受到英、俄直接壓力，才不得已將德、日援助專家逐出阿富汗。

第二次大戰後，阿富汗國庫充裕，當時年方三十二歲，在卡布爾的阿富汗國王 Mohammed Zahir Shah 立志圖新，將其封閉的社會帶入新世界，他避免與以往的英、俄舊帝國勢力來往，而找上了新世界強權的美國。一九四六年，美國政府支持在美頗負盛名的工程公司——Morrison-Knudson（曾設計建造舊金山大橋及胡佛水庫），去負責協助阿富汗的建設發展，沿著 Helmand River Valley 直抵堪達哈。除了修橋造路外，最主要的工程是修復舊水壩及灌溉農業運河，以重整以往茂盛的農業產區。

這段美、阿合作的蜜月期，正巧碰上美、蘇冷戰起始，

美國杜魯門總統在一九五二年決定增加美援，以大力支持阿富汗，同時派遣大量美國工程人員攜眷前往阿富汗工作。一九五三年在阿富汗的 Lashkar Gah 建造了一座純美式社區，當地居民稱之「小美國」（Little America）。

在卡布爾的國王大力現代化政策，及美國積極配合支持下，當地保守傳統及婦女社會地位大為解放，也開始嘗試男女合校教育改革，可想而知這些快速的社會變遷，又與當地仍根深蒂固的伊斯蘭回教傳統格格不入，磨擦無法避免，且逐漸增烈。其中尤以堪達哈為根據地的回教保守教士（Mullah）反抗最甚，施以大力攻擊，以保護阿富汗社會、不被西方文化腐化為號召，煽動人民起來反抗並復舊。

加上在當地的外國專家設計執行農業開發復興計劃，花費大筆經費後，進展也不如理想，未能達到預期產量目標，在這些壓力下，阿富汗國王被迫於一九五九年中止與 Morrison-Kundson 的合約，在一九六一年，所有美援支持的項目計劃，也都移轉到新成立的「國際開發總署」（USAID,US Agency for International Development），及後來加入的「和平工作團」（Peace Corps）統籌管理。（此節參考 Rajiv Chandrasekaran 所著《Little America》,2012）

蘇俄從未忘懷及放棄阿富汗對其的戰略利益，早在

一九五五年十二月，蘇聯的赫魯雪夫（Nikita Khrushchev）即已拜訪了阿富汗首都卡布爾，除了答應造橋修路及興建機場外，還同意提供現代化武器，及阿富汗現代化急需的能源供應。一九七三年七月，親蘇俄的 Sardar Daoud 發動政變，以快速行動推翻了自一九三三年開始執政的 Zahir Shah 國王，迫使他流亡到義大利。當時的美國國務卿，亦特地在一九七四年親訪卡布爾，參訪 Helmmand Valley 計劃，並觀察當地急速轉變的政局風向。

阿富汗共產黨在一九七八年四月發動內部黨爭，造成 Daoud 失勢死亡，阿富汗共產政府宣告成立，美國即刻撤退所有政府官方及民間援助人員返美。但阿富汗共產政府無法控制全國，也無力穩定大局，局勢混亂不止，因而導致蘇聯以安定大局為藉口，於一九七九年十二月武力入侵阿富汗鎮壓佔領，直至一九八九年全方位狼狽撤退。在這十年蘇聯高壓佔領期內，動員了三十五萬俄軍，造成近一萬五千名俄軍陣亡，及近一百三十萬阿富汗居民傷亡，也讓世界再次見證頑強的阿富汗人，抵抗外力入侵的強悍民族性。

也因這十年的蘇聯佔領，一方面造成蘇聯元氣大傷，而在一九八九年底瓦解。另方面亦催化啟始伊斯蘭反外力侵犯的回教聖戰 Jihad，及促成游擊組織 Mujahidin 的茁長。加上

美國中情局 CIA 與巴基斯坦軍方情報單位 ISI 幕後的財力，物力與先進武器（特別是肩射飛彈）支援，均是游擊隊最後抗俄成功的重大因素。但也因此種下日後養虎為患，Mujahidin 蛻變成反西方的 al-Qaeda 凱達組織陰影。蘇聯在一九八九年撤軍前，在卡布爾成立了親蘇的傀儡政權，旋不久，即被「神學士」（Taliban）以武力推翻，其總統 Najibullah 亦在一九九二年被神學士公開審判處決。

巴基斯坦及沙烏地阿拉伯，大力支持原教義派的神學士政權，並推廣這種純保守伊斯蘭教義的回教，四處資助建立清真寺及專念可蘭經的書院 Madrassa，也在其控制區內執行嚴格的回教法律（Sharia Law）。以 Osama bin Laden 為首的凱達組織更如魚得水般，在阿富汗生根繁榮，日久坐大而成為全球最具實力的極端宗教恐怖組織。

綜觀阿富汗，雖歷經多次外族入侵佔領，皆因地形險要、行動不易，再加上強悍獨立民風，而無法全面將其控制，俗稱阿富汗為「帝國的墳場」（Graveyard of Empires）實不為過。

除了在阿富汗東南以 Pashtun 族為主外，其西北散居以波斯語 Persian 及 Dari 語的其它族裔——Tajiks、Uzbeks、Hazaras 及 Turkmen。神學士則是以堪達哈起家的 Pashtun 族人，與西北方的族裔並不融洽，而有所隔閡。九一一後，

美軍進攻阿富汗，即與這些西北居民為主的武裝民兵——北方聯盟（Northern Alliance）組成聯合陣線，一舉推翻在卡布爾及堪達哈的神學士政府，及受其庇護的凱達組織。

美國與北約聯軍背書支持而當選的首任阿富汗民選總統 Hamid Karzai，是出身堪達哈的 Pashtun 世家，他做了總統之後，盡量肥水不落外人田，積極提拔照顧以 Pashtun 自家人為主的利益集團，而當然引起其它族裔的不滿。

二○一四年阿富汗總統大選，Karzai 因連任兩任總統而無法再選，他所支持的老鄉 Ashraf Ghani 曾任財政部長，和曾任外交部長的 Tajik 族 Abdullah 經過初選到複選，難分勝負，互控舞弊。結果雙方妥協，最後由 Ghani 出任總統，Abdullah 擔當新增設的總理一職。阿富汗民主基礎不穩，貧富不均再加上文盲四處，美軍與北約聯軍離開後，若不加以關注，其政局及社會安寧必成問題。

由於連年戰亂，當今阿富汗的人口，三分之二是二十五歲以下的年輕人。因生活、工作及安全考慮，有大量人口遷移都市的傾向，住在城市中定居的阿富汗人，「部落 Tribe」的觀念較淡，也不易被部落長老深化影響，這或許可成為阿富汗全民邁向現代化的一大轉機。

美國與盟國從推翻阿富汗神學士政權，摧毀凱達恐怖組織及其訓練基地，到參與阿富汗重建，迄今已十四載，鉅額戰略投資的基本目標為穩定阿富汗民選政府，提升該國民生、經濟及社會進步，以防止阿富汗回歸成弱勢政府，四方分權而給予極端宗教份子立足發展之地。同時，也能預防俄國勢力捲土重來，回溫舊夢。

　　一路來，俄國各統治者，皆視阿富汗與中亞為其後院，尤其這區域內豐富的能源儲量，加上阿富汗尚未開發的各類礦產極具戰略價值，不能輕易放手。俄國普亭總統以恢復蘇俄的光榮歷史為己任，在併吞烏克蘭的克米爾後，重振俄國軍力投射能力及信心大增，更會加緊對前蘇聯的勢力範圍蠢蠢欲動，準備再出擊。加上二〇一四年底，美歐軍力轉進後的真空期間，神學士勢力有逐漸死灰復燃之象，阿富汗的前景仍屬一個未知。

　　伊朗與土耳其曾想在一九九一年時，趁勢力真空之際，趁隙介入中亞地區，以伸張其在回教集團中的影響力，惜該兩國的國力、財力有限，再加上其它國際整體的複雜關係約束，而心有餘唯力不足的望梅止渴。

　　中國與阿富汗直接交界，亦與中亞各國有近三千公里的邊界，加上近年來新疆維吾爾的問題挑戰，使得中國更加注

意阿富汗與中亞的走向。二○○一年，當美軍與阿富汗「北方聯盟」民兵聯手推翻神學士政權時，不少中國維吾爾人在凱達恐怖組織的訓練營受訓，並武裝與神學士戰士併肩作戰。一些在戰場上被活擒的維吾爾戰鬥人員，關在古巴的關塔拉摩軍事監獄十多年，成為中美之間的燙手山芋。

　　出於邊界安全，能源及礦產等戰略思維，在一九九六年四月，中國、蘇俄及中亞的哈薩克（Kazakhstan）、吉爾吉斯（Kyrgyzstan）、塔吉克（Tajikistan）一同成立了「上海五國」（Shanghai Five）。在二○○一年六月又加上了烏茲別克（Uzbekistan），改組為「上海合作組織」（Shanghai Cooperation Organization），以對話交涉解決一些邊界未定問題，同時也利用這個機制，聯繫各國間的共同利益——能源與礦產的開發、運輸、經濟貿易交流與投資，並一同對抗宗教極端潮流與其產生的宗教恐怖份子，對各政府和社會的威脅。

　　阿富汗雖屬弱小、未開發的國家，但其地處戰略要衝，在過去、現在及未來，都將是必爭之地。當今交通與通訊發達，加上阿富汗獨特的社會結構、宗教等不穩因素，預防阻止宗教極端份子、國際恐怖組織及跨國犯罪或販毒集團，利用地緣與機會在阿富汗死灰復燃坐大，誠屬必須注意事項。因之，美國、歐盟、中國、蘇俄與中亞諸國，在阿富汗皆具

有共同利益的交會點，實可互相合作以達互利。

## 親臨其界

我曾在二〇〇九及二〇一一年兩度前往阿富汗戰區視察訪問，親身體驗到這似矇上面紗般的古國，也更進一步瞭解到許多當地社會民風與習俗的成因。

首次來到阿富汗是在二〇〇九年的二月，包括我屬下的一位准將旅長，西維琴尼亞州的國民軍二星司令和空軍二星聯隊長及各人的總士官長，一行八人在華府會合後，一同飛往位於波斯灣的卡達（Qatar）首府多哈（Doha），此處亦是美軍中央戰區的前進指揮中心。

本應在卡達立刻轉美軍 C -130 戰術運輸機進入阿富汗，但因臨時戰地狀況而延後二十四小時。當即大家同意藉此空檔機會到多哈市區一遊，參觀了城市傳統市集街景，買了些當地土產黑珍珠及阿拉伯頭巾、帽子等物，並吃了一頓當地餐，在餐廳的食譜上居然看到各式燒法的駱駝肉，不敢冒然嚐試，只能算是開了眼界。

在多哈短暫的停留，目睹到卡達政府野心勃勃地大興土木，與無中生有的大都市計劃，原本是游牧民族的卡達，發現

大宗蘊藏海岸邊的天然氣與石油後，一夜致富，在其統治者開明領導下，逐漸將其社會帶入二十一世紀的世界，全球聞名的電視新聞組織「半島電視台」（Al Jazeera）就是產生於此。

而卡達航空公司也躋身全球數一數二的優良航空，多哈也與其波斯灣鄰居，聯合大公國的杜拜（Dubei），競爭成為二十一世紀國際航空的大樞紐。卡達沙漠乾旱的氣候，處處皆黃沙土一片，只有在城中皇宮四周，有一大片綠油油的茵草與花樹，港口海邊停泊著許多具有阿拉伯特色的單桅運貨帆船，不斷進出港口，此乃波斯灣各港口間，極具歷史與實用價值的重要交通貿易工具。據聞，絕大數伊朗黑市交易，均在此與杜拜進行。

由於美國與伊朗交惡且無外交關係，我們無法從多哈直飛阿富汗，而要大繞波斯灣沿岸到東角的阿曼（Oman）北轉，穿巴基斯坦後進入阿富汗，多飛了不少距離。

在微曦中的清晨，我們飛抵阿富汗的巴格崙（Bagram）空軍基地，時值嚴寒深冬，下機後四望遠山環繞的壯麗雪峰高嶺及背景般的碧雲，有如身在歐洲滑雪勝地。這個空軍基地是當年蘇聯佔領時的大本營，留下了許多機堡與俄式建築物，此時亦成為美軍與北約聯軍的重要進出口及後勤中心。當時，美軍的注意力是在伊拉克戰區的近十五萬部隊，阿富

汗戰區雖不穩定，但僅有不到三萬多官兵駐紮，戰地生活較簡陋，大部分駐軍仍在簡易的臨時營區。

我當即轉換到等候中的直升機，到東部與巴基斯坦交接Khost 省的 Salerno 前進基地，看望我屬下的一所野戰醫院。一路上，穿了一山又一山，飛越層層白雪覆蓋的險峻高山，我的座機沿著山谷飛行，另一架武裝直升機則在旁併飛戒護。這趟空中之旅使我恍然大悟，瞭解到為何阿富汗民風強悍獨立，社會以部落為單位，及其大幅文盲落後的部分原因。

絕大多數影響因素，是地理與地形所造成的。阿富汗高山綿延，全國沒有幾條像樣的公路，也不易在這種地形中開山闢道，增進交通來往，飛越這些高山峻嶺，望下山谷之中，沿著混濁小溪畔，散聚著個個小村落，若要探訪隔山而居的鄰近村落，則必須翻山越嶺，穿過羊腸小徑方可到達。若寒冬積雪，更是寸步難行，在這樣孤立隔絕的地形環境下，怎麼能不獨立自主。

同時，同一個小村部落的居民互相照顧、支持，日久便產生強力的內向凝聚力。據估計，除不同的族裔外，阿富汗全國約有四百多個主要部落，其大社會的基本組成細胞，是深根建立在這些部落上。在這地理、地形大環境下，行動聯絡不方便，更別提上學受教育了，阿富汗文盲之普及，全國

三千二百七十萬人口中，有百分之七十二是文盲，另外百分之二十八識字的人，絕大多數都是住在城市的男性居民。相形之下，伊拉克在戰前統計時，在全國二千八百三十萬人口中，只有不到百分之二十六為文盲，且男女均分。

Salerno 前進基地，位於邊界河谷之中，自古為進出阿富汗與巴基斯坦之要道。望到不遠的山群，即屬巴基斯坦，不多時，基地就會遭受躲在山區內神學士游擊隊，以打了就跑的迫擊炮攻擊，因此每隔一陣子，就會有官兵不幸波及而傷亡。

回到巴格崙空軍基地，探視了由我屬下部隊支援的主要軍醫院，該院麻雀雖小，但五臟俱全，是戰區內後送集中之地。各處受傷官兵或病患，在駐地的野戰醫院隱定後，即刻飛送到此，做進一步的治療、手術。若無法在短期內復原回部隊，或需要更複雜的醫療，則由此後送到在德國的美軍駐歐總醫院，或直飛美國本土醫療設施。

除了醫療衛生外，我所屬的部隊亦提供戰區內獸醫服務，及醫療後勤補給，也支援設在巴格崙基地內的監獄醫療。由於前些年美軍在伊拉克戰區的 Abu Ghraib 監獄，遭遇到不人道人犯管理的譴責，而弄得灰頭土臉，此後，在戰區的監獄均由軍法系統及憲兵單位聯合管理，也加倍注重人犯的生活健康與衛生。在這個監獄裡關的許多人犯，是在戰場上俘虜

的神學士戰士及一些冷血聖戰恐怖份子，這些人皆非善類，且具高度危險。

在這環境下，為他們提供日進夜出的貼身醫療服務，對我官兵的心理壓力與人身安全的注意，非言語可形容。在參觀完監獄及聽取簡報後，我特別召集屬下官兵，予以精神鼓勵，並一一詳問他們的工作環境及安全設施，並指示部隊領導注重全體的身心健康平衡與調整。

這個臨時的監獄，是設立在一個龐大的俄式建築物內，以鐵絲網圍牆將一個個犯人分隔起來。內部燈光明亮，且具有冷暖空調及衛生設備。定期國際紅十字會來查看，並訪問人犯以防止虐待事件發生。這裡的犯人除了喪失自由外，生活水準大為提高，美軍特聘僱當地廚子調理阿富汗回教飲食及標準營養。許多人犯一輩子在外吃慣了五穀雜糧，有一頓沒一頓的日子。突然間，固定一日三餐且是美式營養標準，一時轉換不來，難以適應。有的消化不良而腸胃不適，住久一點的，更因營養太好以致體重急速上升過重血壓高漲，這真是人類戰爭史上的一個怪現象。

阿富汗戰區雖以美軍為主，但也有以北約盟軍參與和至少四十餘國提供的國際軍力援助。當時，最大的挑戰是「指揮管理」系統分劃不清，美軍經由阿富汗戰區指揮官直接向

美軍中央戰區及五角大廈負責，但涉及北約軍隊的調動，則需經過遠在歐洲布魯塞爾的北約盟軍指揮部協調才算數。阿富汗戰區聯軍 International Security Assistance Force-ISAF 總指揮官，美軍的 Gen. Mc Kiernan，除了要協調兩個軍事老闆外，還要與難纏的阿富汗政府周旋，及永無休止的美國龐大聯邦政府、官僚系統、政客的介入。

在巴格崙接待我們一行訪客的負責人，是駐紮當地美軍一〇一空降師師長，簡報給了我們第一時間戰地挑戰的瞭解：例如脆弱的阿富汗國民軍及中央警察組織與訓練，各族部落間的勢力互動，收歸前神學士戰士的困難，重整當地貪腐的政府及阻止毒品走私等。戰術上的第一目標是戰地政務，以穩定保護居民與各鄉村城鎮，來孤立敵人與游擊隊的行動。三大敵人組織是凱達、神學士，還有以巴基斯坦為大本營的 Haqqani 集團。

二〇〇八年十一月，當時的國防部長蓋茲，不顧五角大廈內部異議，毅然決定縮短在阿富汗戰區傷兵急救後送到野戰醫院的時間，要求與伊拉克戰區採取同一標準的一小時。這個勇敢的遠見決定，使得戰場上的傷患得以及時趕到醫院急救，而大幅降低嚴重的傷殘後果。在這一段日子裡，舊的阿富汗戰略愈來愈吃不住，缺乏進展且有日益深陷的危險。

二〇〇九年初，蓋茲部長親臨阿富汗視察，並當面告知 Mc Kiernan 將軍準備退休讓位。同年五月，由曾任陸軍特戰司令的 Mc Chrystal 將軍接任聯軍司令。不料，一年後的六月，因其下屬對新聞雜誌《滾石》（Rolling Stone）採訪時，對總統及副總統出言不敬，遭犯美軍兵家大忌，而立刻被陣前換將，退休返國。

坎坷艱辛的阿富汗之戰，不斷地碰到意想不到的波折，以蝸步向前。

## 再訪

再次訪問阿富汗戰區，是二〇一一年的六月，同行還有阿拉巴馬州及麻州兩位國民軍司令，也是由華府先飛到卡達的多哈，當晚轉乘美陸戰隊專機，直飛阿富汗的首府卡布爾。經過兩年的經營，戰區已成熟化，我們所搭乘的專機，也由 C-130 戰術運輸機升級到陸戰隊的小型噴射客機，既舒適也快穩。

清晨兩點多安抵卡布爾，我曾走遍全球多處，經過不少時區，都是以一個小時為劃分單位，唯獨阿富汗的時區特殊，只有半小時之差。例如卡布爾與遠在華盛頓特區的美東標準時間，有「九個半」小時的時差，剛開始還真有點不習慣。

身為首府的卡布爾，白天的大街上車來人往好不熱鬧，但這裡沒有現代化的摩天大樓或公園綠蔭大道，一路上只見一排一排的街邊小樓，及各式小型家庭商店、修車、五金店等，這個街景使我立刻憶及童年的台灣，頗感親切。

阿富汗聯軍指揮部，與設立在前胡森總統皇宮裡的巴格達美軍指揮部相比下，完全是天壤地別。這裡是座落在一個自民間徵用的社區中，四周圍牆與鐵絲網，牆內一棟棟的小樓與平房，有些還有小花園庭院，還有些看似相連的大雜院。來來往往盡是不同制服的聯軍官兵，也是一景。在路上正巧碰到一隊東方面孔的部隊行進迎面而來，帶隊官向我敬禮後，我再仔細一看他們的臂章，原來是來自蒙古的維和部隊。沒料到八百年後在阿富汗的卡布爾，幸遇成吉思汗的後裔子弟兵，重臨阿富汗做客也算意想不到的巧合吧！

在聯軍指揮部，聽取負責重建阿富汗軍警及訓練的聯訓指揮部簡報，由其二星少將副司令主持，他是我的多年舊識，也是陸軍後備部隊將領，自願前來阿富汗全職服務兩年，協助阿富汗重建。在異地戰區，老友相見甚歡重敘，由他的簡報中，更加瞭解阿富汗重建的挑戰。基本上，阿富汗文盲普及，百分之八十六的新兵一字不識，連個人槍枝上的編號都看不懂，更別談進一步的訓練操作了。

聯軍花了極大的心血與資源，從基礎做起。在新兵訓練一開始時，即加以識字教育，目標是在新兵結業時，能具有小學一年級的程度；在分科訓練完畢下部隊時，達到小學二年級的水準；若想日後升級，則必須進步到小學三年級以上。

這看起來不可思議的基礎國民教育，不像是現代高科技軍事戰略，但若不成功，很難建立起一支具有基本效率、運作協調使用現代武器及戰法的軍隊，以應阿富汗的最低國安需要。可惜在最近的美國會指定阿富汗重建檢驗報告中顯示；在花費了近兩億美元的基本識字投資，到了二〇一四年底，只有約百分之六十四的阿富汗軍人通過基本測驗，僅百分之二十一達到小學三年級的閱讀水平。

教育乃百年大計，看來阿富汗還有很長的一段路要走。迄今美國已在阿富汗花費近七千億美元，實在是欲罷不能，進退兩難。同樣地，也希望阿富汗把握這個良機，善加利用美國慷慨協助，建設現代化社會的基礎，以跳出這千百年的惡性循環，落後閉塞。

這次再訪阿富汗，時值盛夏，與上次寒冬之旅，景觀大為不同。再度回到巴格崙空軍基地時，同處下機後，在炎陽下遠眺，群山依在，只是不見銀白積雪，取而代之是一片黃土禿山，美感盡失。

兩年不見，這個基地的人口亦大幅增加，車來人往，熱鬧非凡。當然，戰地生活品質也大步提高，除了更大、更齊全的 PX 購物中心及各種速食餐廳外，官兵住宿建築物四起，冷暖空調處處皆是，醫院的設備更加進步完善，與我在國內所見的標準民間醫院，只有過之而無不及。

　　基地中另有兩個獨立的醫院，分別由南韓與埃及負責提供醫護人員、設備、藥品及營運。照顧的對象為其它各國聯軍官兵、文職特聘工作人員，與當地的阿富汗員工。

　　在基地較偏僻的一角，一座全新及符合國際標準的司法中心及監獄屹立，取代上次參觀過的臨時監獄。為了建立阿富汗司法獨立基礎，美國與盟邦花費了極大心血，培植訓練當地司法專業人士及灌輸法律制度概念。至少在目前，司法獨立的基礎已建立，且為大多數城市居民接受支持。唯全方位的司法、法治與民主選舉，能否在阿富汗生根茁長，仍有待未來長期考驗下，方能見分曉。

　　監獄的設計亦頗費心機，除了監舍外，還注重感化再教育與職業訓練，特地設立了示範農牧場及實習工廠，教授一些謀生技倆。許多人犯（包括神學士）並不是天生惡極的罪大份子，他們沒機會受教育、生活貧窮，再加上連年戰亂，無法謀生養家，當恐怖份子接觸引誘這些無知又無業的鄉下

年輕人，以金錢交換到路邊埋炸彈或私運軍火，而被捕下獄，這些犯人刑滿釋放後，若仍無一技之長以謀生養家，遲早又會變成社會問題。

參觀這所新造監獄的一個小插曲，可以見證，在不同社會必須考慮文化與習俗的差異有別。當初設計建造時，一切以美式標準為藍本，廁所都是抽水坐式馬桶，既乾淨又衛生。不過人犯進住後，不知此為何物，且不慣使用它來上大號，沒多久即喧嘩抱怨無法順利解決人身生理之需。當局發現不滿之因後，只有拆掉坐式馬桶，改建為蹲坑式的傳統簡易設備，方才平定人心，得以順利行事。

由於不久前，我屬下負責 Salerno 的野戰醫院，遭受從巴基斯坦邊界射來的砲火攻擊，一位護士不幸被流彈擊中陣亡，我特別要求再去這前進基地視察慰問，我的座機再度飛越這層層山區。時值盛夏，翼下景觀與我兩年前的嚴冬之旅完全兩樣。狹谷的兩側，長出許多低矮植物，谷中的小溪仍舊混濁，但溪畔則有點點綠茵與野花，較廣大的山谷中，亦可見到一些綠油油的田園。但所見之處，仍以土黃色的泥舍與山坡為主。

到了 Salerno，舊地重遊，醫院、營房依然，只是不同的部隊輪調駐紮於此。雖然損失了一名袍澤，但全隊仍專心盡

責，以完成任務，誠屬化悲憤為力量的寫照。這趟旅途，也注意到原本光禿的山頂，增加了許多高架鐵塔，詢問後方知，這些是無線行動電話中繼塔台。安全地建立在荒山野嶺上，無人看守。

這些年來，美國與聯合國協助阿富汗基礎建設，除了環全國一圈的高速公路，增加地面行動外，另外最具影響力的建設，即是無線電話網。據瞭解，這些行動電話，除了增進阿富汗社會大眾交流外，神學士及凱達份子間也以此為最重要的內部聯絡通訊，若遭破壞當機，聯軍還有一些其它的通訊工具系統可用，但這些恐佈份子，則立刻又聾且啞了，這也算是高科技利用，敵我不分吧！

我們此行的最後一站，是戰火激烈的堪達哈地區，此地與鄰近的 Helmand 兩省，地處平谷溪流的農業沃地，也是世代務農居民聚居之處，其民風保守，部落的影響根深蒂固。當年英帝國軍隊與阿富汗反抗組織，在這塊地區多次交戰。堪達哈亦是神學士集團的發源地，欲安定阿富汗，必須要穩住堪達哈，因而使該處成為政經、宗教及軍事必爭之地，聯軍亦在此設有區域指揮中心。

佲大的堪達哈機場四處各盟國及各種部隊林立，這也是阿富汗南方的醫療重點。一所新建的醫院，由德國設計並提

供設備，土耳其負責營建，但大部分建設經費及維持則由美國負擔，院內的醫生與護理人員，由美國與北約各國提供，見到各種國籍醫護人員，來來往往，照顧不同背景的傷患，猶如身處聯合國之中。這所世界級的醫院，設備先進，醫療水準一流，未來最大的挑戰及未知數，是如何在短短的時間內，訓練出足夠的阿富汗合格醫護人員來接手，方能繼續提供這高水準的服務，以照顧當地的百姓。更別提如何維持現代化醫院，必須的大量清潔用水及不受干擾的電力供應。

在堪達哈基地，我們亦設立了一所高水準的獸醫診療中心，備有齊全的診斷儀器及開刀手術設施。我屬下的獸醫部隊，輪番調防於此，提供這項不受注目、但十分重要的戰地支援。美軍獸醫部隊除了照料軍犬、馬匹等動物外，也負責食物安全檢驗，及協助傳染性的病毒控制與預防。

在阿富汗戰區，軍犬是真正的無名英雄，也是前線不可或缺的親密戰友，除了擔任警戒巡邏任務外，這些嗅覺敏感、訓練有術的軍犬，也協助偵察路邊炸彈及防止彈藥毒品走私。每隻軍犬均賦予軍階及配糧，接受定期健康檢查，並配有特別設計的防彈衣與足套，以供在炎熱或寒冬的崎嶇山路執勤所需。這些軍犬都有服役年限，屆滿即可解甲退休，返美安享餘年。

在堪達哈機場，我還特別去視察了駐紮於此的直升機救護中隊。自從蓋茲部長下令，增強阿富汗戰區的傷患緊急後送能力，以達到在一小時內趕到就近的野戰醫院急救後，陸軍陸續增加了許多黑鷹直升救護機，及相關支援機員與裝備。他們天天二十四小時輪值候叫，隨時準備升空，冒敵人砲火之危，從天而降盡速將傷患帶離險境。每當戰士受傷後，他們最興奮盼望的一刻，就是在疼痛掙扎之中，聽到那隆隆的直升機聲由遠而近。

　　經過這些天短暫但緊密的視察訪問後，再度登上同一架陸戰隊的小型噴射客機離開堪達哈，飛回卡達的多哈。當飛機衝上層層雲霄，奔向那黃昏日落的夕陽，在雲片間隙之中，隱見下面一片金黃的田野大地，平靜自然。怎知在這多難之地，存有多少戰爭破壞的家園與被迫遷徙流離的難民。深信絕大多數的阿富汗百姓，就像世界上任何地區的人民一樣，只求安居樂業，日出而作、日落而息。盼望這些純樸無辜的居民，能得一喘息機會，重建家園，邁向一個平和繁榮的新世紀。

# 危機三起

自從進入醫學界後，我經歷了無數的困擾及挑戰。但二〇〇九年五月起始的一年，可算是目前我這一生中所承受壓力最大且危機重重的一段日子。

首先，五月十一日，在伊拉克巴格達美軍「自由營區」（Camp Liberty）的戰地心理療養中心，一位美軍士官無故槍殺了五名美軍，其中包括兩名我屬下的軍醫官。而這個戰地心理療養中心「55th Combat Stress Control Company」，也是我管轄的下屬單位。

剛料理好這宗意外事件，接著十一月五日又在德州虎德堡陸軍基地（Fort Hood）發生了震驚全美的軍中大濫殺慘案，造成十三人死亡及三十二人受傷，其中大多數傷亡人員是我屬下的兩個心理衛生連——「467th & 1908th Combat Stress Control Companies」，其中一九〇八連正準備前往伊拉克，與先前受創的五十五連調防，這是一個驚動全國的大事件，得到各地新聞界密集報導，我們也都戰戰兢兢、如履薄冰的處理善後。

最後在二〇一〇年五月，我派往伊拉克的「遠征醫療指揮部」（Task Force 807th Med）發生嚴重的領導出軌，被迫在陣前換將。

這三件大事的發生突然，毫無預警，但其處理解決影響深遠。我必須在極短的時間內統籌運謀，找出對策方案。這三個危機處理，給予我極為珍貴的實戰經驗，也讓我深深體會到「臨危勿亂，循序漸進」的真諦。

## 巴格達　自由營區事件

美東時間二〇〇九年五月十一日下午，我的軍用手機傳送一通由伊拉克來的緊急簡訊，打開一看，心裡涼了半截，我們在巴格達機場附近「自由營區」主管的戰地心理療養中心，遭到槍擊。

一位情緒不穩的美軍士官，在當地時間下午兩點多，突然搶了別人的自動步槍，衝到由我屬下五十五衛生連管理的戰地心理療養中心，無目標開槍掃射，當場打死了兩名心理醫官及三位病患。行兇原因不明，槍手當場被制伏就捕，現場狀況已完全控制。戰區司令部會在通報死亡家屬後正式發佈新聞，我們在全美新聞公開報導前有幾個小時的空檔機會，

去準備加強五十五衛生連在印地安那州原駐地的應變能力。

不出所料，在此事件公開後的四十八小時內，因戰地的新聞封鎖，各類小道謠言紛紛。各新聞機構及關心的家屬，連番聯絡該連部的後駐聯絡小組查訊現況，應接不暇。事件發生後，我們決定的第一要件，是將確實的消息傳送給該連官兵的家屬，並立刻安排遺體空運回美原居地。因事關敏感又發生在戰地前線，我們也決定，所有媒體的諮詢一律交由陸軍總部直接處理。我十分關切五十五連在伊拉克官兵的安全及精神負荷，當即指派該連直屬上級單位「三三〇野戰醫療旅」的准將旅長與駐伊美軍戰區指揮部協調，盡快趕赴巴格達善後。

八天後的五月十九日，在德州西北角的 Amarillo，我代表陸軍總部參加陣亡醫官 Houseal 少校的追思禮拜及主持安葬軍禮。在禮槍及安息號中，我把覆棺的國旗交給未亡人及他們的七位子女，看到仍在襁褓中不及一歲的小女兒，感慨萬分，悲從心起。

自從二〇〇三年進軍伊拉克以來，已有六次美軍戰地槍殺案，但這次事件是死亡最多的一次，觸及全美良知。對已經缺乏支持的伊戰更是雪上加霜。這次事件也暴露了兩個重大缺陷，引發全美積極辯論研討。

（一）經過六年的長期佔領伊拉克及兩面反恐作戰（伊拉克及阿富汗），全自願役的美國軍隊（尤其是陸軍及陸戰隊）已疲態盡露。許多官兵多次進出戰區，後續壓力逐漸增加到了飽和點。陸軍主管兵源的副參謀總長報導，自九一一（二〇〇一年九月十一日，回教極端恐怖份子攻擊紐約世貿大樓及華府五角大廈）以來，已有超過數十萬陸軍官兵派赴戰場，其中三分之一甚至到過戰場兩至三次。雖然所有陸軍部隊駐防伊拉克已被拉長到十五個月之久，但仍嫌兵源不足，後續乏力。三分之二的陸軍正規作戰部隊，不是已在戰區，就是剛剛才回防整編，或者正集訓準備調防出征。陸軍後備部隊及國民兵已被大量動員徵召，成為不可或缺的作戰一環。

這些約束挑戰，催化驅使美軍重新評估自冷戰後「同時打勝兩場區域性戰爭」的軍事戰略弱點，加速思考及研發未來全球軍事戰略佈局，增強陸軍「遠征作戰旅」的整編，縮減海外地面部隊駐軍的承諾，積極研討戰區高科技「空海戰」（Air-Sea Battle）的協調發展，及擴展與盟軍輪調協防的思維。

（二）美軍官兵受長期作戰影響的心理狀態，也因此事件的披露，得到社會各界極大的關注及研討。槍殺案的主犯，四十四歲的羅瑟士官（Sgt. John Russell），已三次調派伊拉克戰地。之前他也參與過波士尼亞（Bosnia）及科什維爾

（Kosovo）北約維和部隊行動。他所屬的五十四戰鬥工兵營已駐紮伊拉克戰區十二個月，預定當年八月輪調返國。

「路邊炸彈」（Improvised Explosive Device）是此次伊戰的主要殺手，絕大數美軍的傷亡，都是這些「路邊炸彈」造成的。在戰區，戰鬥工兵的任務除了造橋修路外，就是清除這些「路邊炸彈」，其工作壓力之大可想而知。羅瑟士官早已顯現情緒不穩的症狀，他的上司亦已強制他去接受心理治療，不幸他仍然無法得到解脫，而造成這無法挽回的悲劇。

事件發生後，全美陸軍展開心理加強訓練，以增進官兵的適應能力，並預防逐漸增加的軍中自殺率。這個毫無前例，作戰人員多次進出戰場的事件，產生無比的後遺壓力及挑戰。除了上千的官兵受到肢體傷殘，幾乎五分之一回防的美軍官兵經驗到不同層度的心理傷痕，需要關切與治療。

於此同時，美陸軍的自殺率也在二〇〇八年首次超越全美社會的平均率，在這樣的大情勢下，美陸軍不斷追加預算，全力增強心理衛生的研究、訓練及重視。全軍自參謀總長、戰區司令，下到前線的戰鬥班長，大幅公開討論曾為禁忌的「心理壓力」、「情緒起伏」及「自殺思想」等敏感主題及其應對方式。同時也加緊準備所有陸軍野戰心理衛生部隊，輪調伊、阿兩戰區，就近支援作戰的美軍人員。全美陸軍有

十一個野戰心理衛生連，其中七個歸屬我管轄，我們在極短時間內，立刻整編及積極集訓這些幕後英雄，開始調派遣送這些戰區急切需要的精神心理資源。

經過多年軍事法庭查證庭議，羅瑟士官終於在二〇一三年七月與軍事檢查官達成協議。他承認殺人罪行以交換軍事法庭不要求死刑，這個不幸事件亦接近尾聲結案。少校醫官的小女兒已經五歲了，她在喪禮中襁褓於母親懷中的情景，將永遠烙印在我的腦海記憶中。羅瑟士官將在獄中渡過他的餘生，這一切都印證這場戰爭後遺的悲劇性。

## 德州‧虎德堡濫殺案

二〇〇九年十一月五日下午，我剛巡視完畢在堪薩斯州「Wichita, Kansas」集訓中的「八〇七遠征醫療指揮部」，座車在駛往機場的途中，接到我司令部動員組長 Norquist 上校從德州虎德堡陸軍基地來的急電，告知約十數分鐘前，在虎德堡動員中心發生槍案，我們屬下的兩個野戰心理衛生連：四六七及一九〇八，不巧正在該中心辦理動員出征的手續，有不詳人員傷亡，情況十分混亂。

我的副司令 Donnelly 准將剛剛巡視完這兩個部隊，已離

開虎德堡在前往機場途中，我隨即聯絡到他，並令其立刻轉回虎德堡與 Norquist 上校會合，就地坐鎮處理並清點該兩部隊的所有人員，正確暸解傷亡資料及探訪所有住院傷患。

沒多久，所有全美各地的新聞媒體也都開始報導此一突發大事。當晚，我回到華府後，立即安排與我司令部有關參謀舉行緊急電話會議，並啟動我指揮部的「危機處理小組」。

事件突發後，虎德堡立刻全面封鎖，一時人云亦云，不實報導四起。好在我的副司令及動員組長均在現場督導，照料及時提供正確資訊，這一優勢，使我們的「危機處理小組」能掌握第一時間情勢，做出正確的決定。

兩天後，我亦趕到虎德堡，事件真相也逐漸明朗。槍手是美軍少校心理醫官 Nidal Hasan，他是在美國生長受教育的回教人士，已受重傷導致下半身癱瘓而被捕。他在兩周前才收到調職令，暫調到我屬下的四六七野戰心理衛生連，並在十一月五日報到。一齊在虎德堡做最後階段的集訓後，於十二月初調防阿富汗。事後清點，總共有十三人當場死亡，三十二人重傷住院，此乃美軍近代史上損失最慘重的兇殺案。再加上兇手是美陸軍校級軍官及回教背景，這事件的後遺餘震可想而知。

我也在此後經歷了緊張及疲累的一個月。回憶詳述如下：

在第一時間清查傷亡狀況，瞭解到我的屬下有五人死亡及十八人受到不同程度的槍傷，其中十一人傷勢嚴重，需要立刻手術治療。我抵達虎德堡的當晚，立即驅車到基地軍醫院及附近的四所民間醫院，探視慰問這十一位部下及趕來照護的家屬，同時指定專人就地聯絡照料他們。

除了五名死者外，這十一位傷者因傷勢嚴重而無法繼續動員，突然間這十六名空缺需要立即替補。負責陸軍動員的第一軍團，指示我立刻將這兩個部隊復員，換上兩個新的連隊出征伊拉克及阿富汗。經過仔細研判及清點後，我簡報陸軍軍醫署長、陸軍後備軍司令及陸軍參謀總長，告知可用兵力資源有限，且來不及在短時間內重新集訓調防前線，這兩支部隊才結束近六個月的密集訓練，於十一月四日抵達虎德堡，做最後出征前的測試。

我們沒有很多選擇，只能以現存部隊人員為基礎，重新組合。陸軍高層最後同意我的分析，讓我即刻進行整補，並給我一點調防的時間伸縮性。我也瞭解到這是一個極端冒險的處理方案，但我對我的參謀及部屬有極大信心，相信我們一定可以達成任務。

首先，我們要確定這兩個部隊的官兵，在經歷此一打擊後，仍保有基本戰力及鬥志，同時心理精神穩定到可以擔當十二個月的戰地生活壓力。我們也需要在極短時間內，募集到至少十四位合格的專業官兵來自願填補，立即赴前線十二個月。好在我司令部的「危機處理小組」在沙盤作業後，已展開處理方案的選擇，及時放出通報招募自願人手。

　　出乎意料，許多官兵自動請纓。在短短的十天內，我們就招募到十二名自願軍，其中六位在事件一周內即趕到虎德堡，加入這兩連隊的最後測試。最令人感動的是這兩連隊的所有官兵，在通過嚴格心理檢驗後，全體要求立刻恢復集訓，無人畏退。

　　這是一個無前例的狀況，兩個受到五分之一戰力損失的部隊，在短短二十多天內能完成重整及通過嚴格的心理、體能及戰技集訓測試，而如期出征上戰場，許多媒體均感驚奇，而紛紛顯著報導。我深切瞭解，這兩支部隊有優秀的少校連長及士官長的領導，但我問了許多官兵，是什麼驅使他們排除各種障礙，而達到這令人驚訝的成果？幾乎一致的答案是：「我們相信我們部隊的領導，我們大家已成一體，互相照顧，也不願讓傷亡的袍澤白白犧牲，同時我們也要證明，沒有惡勢力可以打倒我們。」

這也就是所謂的「美軍戰鬥精神」無形之力量。一般而言，美國軍人不重視政治口號，也不介入政治是非。他們只是為了保持自身的自由、民主生活方式及照顧支援在同一個戰坑內的戰友而戰。這看起來是一個很抽象及單純的原因，但卻是美軍英勇作戰的主要泉源。

突然間，在同一時間內損失五位官兵，在當今的美軍是一極大的震驚。除了歐巴馬總統率文武官員於十一月十日在虎德堡舉行的追思禮拜外，按照習俗要盡快入土為安。身為他們的最高指揮官，我應代表陸軍參與他們的葬禮，唯這五位官兵分住全美各地，從東岸的馬里蘭州、維琴尼亞州到中部威斯康辛州及西岸的加州，短短數日我分身乏術，只能親身代表陸軍主持在華府阿靈頓國家公墓的兩場軍事葬禮。

在感恩節的前兩天，遍地落葉、小雨紛紛中，維曼中校及凱路威少校長眠在伊拉克及阿富汗陣亡戰士的阿靈頓墓區，我亦安排其它陸軍將官代表，分別主持同時期但不同地區的另外三場軍事葬禮，在感恩節後的一周，我也專程慰問這三位的家屬，並確保他們應有的支援及照顧。

毫無疑問，因為槍手是美國生長的回教後裔，且事件發生在全美最大的軍事基地，虎德堡濫殺案是自九一一事後，在美國發生的最敏感恐怖事件。全美各新聞媒體，無不全力

以赴積極的採訪報導。我們也受命在固守主題下，全面配合向新聞界簡報。

「今日美國」（USA TODAY）、「華爾街日報」（WALL STREET JOURNAL）、「華盛頓郵報」（WASHINGTON POST）及威斯康辛州的「MILWAUKEE JOURNAL SENTINEL」，曾多次訪問我，並專題報導四六七與一九〇八這兩個部隊在受重創後，如何在短短的時間內竟能重整，如期上征途。

這次的經驗，增加了我對美新聞界的瞭解，及與其交往之道：

（一）據實以告，不可矇騙；

（二）如屬機密，恕不奉告，但必告之原因；

（三）不清楚的事，絕不猜測；

（四）誠信以待，但長話短說。

　　同時這次事件，也得到了「危機處理」的寶貴經驗：

（一）主動掌握第一時間事實狀況，瞭解大局勢及上層的意向；

（二）盡快啟動「危機處理小組」，並專人負責，全時值守應變；

（三）立刻消除猜疑不實的雜音；

（四）統一研判事件因果及其影響，分析瞭解先後急緩次序；

（五）保持機動，隨時應變；

（六）領導階層，必須確保鎮定，臨危勿亂。

## 後記：

　　槍手哈珊少校在就捕時被槍擊重場而半身不遂，現仍關在虎德堡的軍人監獄。

　　這個案子，在二〇一三年八月開始審判。哈珊少校承認槍擊，但宣稱：「因為美國向伊斯蘭教宣戰，做為一個虔誠的回教徒，是他的責任起身抵抗，保護其它回教徒。」除了想用這歪理來脫罪之外，他還兩度辭退協助他的公定辯護律師，自己出庭辯論，基本上他已決定要成「烈士」並為宗教犧牲。雖然美國司法注重基本人權及寬容量刑，但十三名無辜死亡及三十二人重傷的犯罪事實，和他毫無悔意的言論，無論他如何狡辯，都無法推拖刑責，受到應有的懲罰。

　　八月底，十三人組成的軍事陪審團一致結論，哈珊少校蓄意謀殺軍中戰友罪證如山，判決「有罪」，其後軍法官亦同意判決「死刑」。按照美軍司法程序，這個案子要自動上訴，最後還要經過美國總統批准成效才成。在過去三十年來，只有十一件軍法審判死刑。上一次死刑執行是一九六一年，絕大部分死刑上訴審理要超過十到十五年，依此推理，哈珊少校將在單獨牢房中渡過許多春夏秋冬。

## 伊拉克 ‧ 陣前換將

俗云：「陣前換將，乃兵家大忌。」但有些情況若不立刻換首，則後患無窮。

我的指揮部負責主理二〇一〇年全伊拉克戰區醫療系統，及準備二〇一一年底撤軍返美。此一任務艱鉅及戰略影響深遠，我特別以我指揮部的「前指揮所」（Operational Command Post）為主幹，及我轄下各部隊調派精英幹部為輔助，組成了「八〇七遠征醫療指揮部」，並選任一資深上校旅長擔任指揮官。為了減少外界紛擾，我還特別安排該單位暫調堪薩斯州的 Wichita 駐防，接受許多出征前的密集戰訓。

二〇一〇年四月在華盛頓州的路易堡（Fort Lewis），八〇七遠征醫療指揮部完成所有集訓及通過測試。在授旗佈達儀式後，全部官兵一百二十餘人直飛巴格達，接手全伊戰區的醫療指揮及策劃所有美軍的醫療設施、後勤系統、野戰醫院的逐漸撤返時間表及詳細計劃。

六周後，祕書中斷我在診所看病人，告知：「一位將軍從伊拉克打電話來，要和你說話。」我當時心裡一頓，這絕非好事。電話那頭是美軍伊拉克戰區副司令 Henzeker 三星中將，他是我在二〇〇九年八月訪伊拉克戰區時的舊識。他開

門見山的告訴我，對八〇七遠征醫療指揮官表現不滿，業績不及水準，除了下屬單位抱怨外，他也做了內部調查證實。

該上校指揮官不知何故，到了戰區後突然心理情緒大起變化，絕大多數時間都待在辦公室內，凡事猶豫不決，嚴重影響指揮部軍心及效率，我聞訊後頗為一驚。這位上校是我認識近二十年的舊屬，能力強，效率高，是陸軍戰爭學院畢業且資歷完整，也曾在科什維爾帶領過營級維和部隊。我不知是戰地高壓工作使然，抑或其它私人生活壓力造成這出乎意外的局面。但在戰地，人命攸關，不能有些許差錯，更不可容忍無能領導。

我即刻開始作業，尋覓適合的接班人。五天後，我在新加坡出差，又接到 Henzeker 將軍的電話告知，他已完成全面調查及面談。如我同意，決定換人，我立刻啟動新指揮官任命步驟。兩周後，新選的上校指揮官及時趕到巴格達接事，舊指揮官隨即遣返回國退役。

同年八月，我再度來到伊拉克視察及參閱有關調查記錄，很慶幸地確認我們陣前換將的明智決定。

部隊指揮官是軍中領導最重要的一環。一個團隊的成敗，絕大部分要靠領導階層的統御能力及全隊士官兵對他的信任

及尊敬。「軍心士氣」是一個摸不到的抽象形容，但也是任何部隊不可缺少的靈魂中心。軍心低落的部隊，無論有多好的裝備給養，也是絕對沒有戰力且不成氣候的。

八〇七遠征醫療指揮部在換了指揮官後，軍心大振人人奮力圖強，在短短的時間內有如鹹魚翻身，大力提高形象，以高效率的精神成功地完成整個伊拉克戰區醫療系統的評估。同時也策劃設計周詳的二〇一一年全伊美軍醫療設施，以及人員裝備撤退返國的大轉進計劃時間表。最後，在完成任務輪調返美後，八〇七遠征醫療指揮部得到了戰區極高榮譽的「最佳部隊獎」（Meritorious Unit Citation），以表彰他們群體在伊拉克辛苦一年的傑出貢獻。

「陣前換將」是一個敏感、複雜及激情的決定，但我深信，在這個時代，基本上沒有任何層次的領導或專家是「絕對不可更替的」。一切就事論事，到了弊多於利、有損大局時，決策領導必須理智性地當機立斷，砍臂以救全身。

〈巴拿馬〉Tarawa 兩棲登陸航母上，與美南方戰區副
司令、戰區海軍第四艦隊司令、Tarawa 艦長合攝於巴
拿馬太平洋外海。

〈巴拿馬〉巴拿馬運河。

〈卡達〉卡達首府多哈與當地警衛合影。

〈哥倫比亞〉門禁森嚴美駐哥倫比亞大使館內部庭園。

〈**哥倫比亞**〉簡報美駐哥倫比亞大使「清鄉光復區」內的醫療外交。

〈**哥倫比亞**〉與哥國三軍參謀總長合影。

〈**哥倫比亞**〉在「清鄉光復區」接受電視訪問。

〈**薩爾瓦多**〉拜會薩爾瓦多國防部長。

〈新加坡〉探視剛從越南首訪來到新加坡整補的美海軍醫療船
「USNS MERCY」。

〈新加坡〉訪問新加坡與其陸軍將領午宴。

〈千里達〉屹立於市中心、由中國建造贈送千里達的大會堂。

〈千里達〉拜訪千里達三軍總部，接受軍禮歡迎。

〈千里達〉千里達三軍參謀總長贈與寶劍留念。

〈千里達〉主導美方代表與千里達外長會談。

〈千里達〉千里達總理特來視察我們提供的眼科交流。

〈千里達〉合作多年，全力支援我們醫療外交的美駐千里達大使。

〈千里達〉會晤千里達外交部長。

〈北極圈〉北極圈內乘坐特殊功能的嚴寒直升機。

〈北極圈〉阿拉斯加北極圈內愛斯基摩居民合影。

〈北極圈〉見識體驗愛斯基摩狗拉雪橇。

〈北極圈〉抵達北極圈步下座機。

〈北極圈〉北極圈偏遠小村無旅館，在消防隊借宿。

〈北極圈〉喜見我的座機在北極圈內簡易機場降落。

〈北極圈〉飛在兩山之中，一望無際的 Anaktuvuk Pass 往北
一百五十哩即是北極。

〈北極圈〉阿拉斯加 NOME 陸軍基地雪地牽引車。

〈北極圈〉公路旁積雪顯示出降雪量之大。

〈北極圈〉深埋北極圈內凍層數千年，被發掘的史前長毛象牙。

〈北極圈〉一望無際的阿拉斯加雪原交通工具──越野雪車。

〈北極圈〉退役多年、冷戰監視蘇聯大功臣的地平線雷達陣群。

〈麥克羅尼西亞〉麥克羅尼西亞處處可見的豬舍，也是當地海水污染的主因之一。

〈麥克羅尼西亞〉吃水太深，暫泊外海的兩棲登陸航母「USS CLEVELAND」，需用海軍小艇接送。

〈麥克羅尼西亞〉在「USS CLEVELAND」艦甲板上。

〈**麥克羅尼西亞**〉聯合醫療義診與澳洲
官兵話家常。

〈**海地**〉海地震災後，路邊簡易攤販。

〈**麥克羅尼西亞**〉麥克羅尼西亞首府 Pohnpei 從事
醫療外交的海陸官兵。

〈**麥克羅尼西亞**〉艦隊司令與我陪同美國
及日本駐麥大使，參訪聯合醫療義診。

〈**海地**〉負責海地災後維和重建美洲組織部隊指揮官少將及我的上司（陸軍後備軍司令）。

〈**美屬薩摩亞**〉參訪美屬薩摩亞純樸的高中學生。

〈**美屬薩摩亞**〉逝者葬在自家庭院，為美屬薩摩亞的獨特風俗。

〈**美屬薩摩亞**〉與美屬薩摩亞總督合影。

〈**多明尼加**〉多明尼加醫療義診，與當地小朋友合影。

〈**多明尼加**〉與美駐多明尼加大使探視眼科交換計劃。

〈**南非**〉與美國駐南非開普敦總領事在美非洲戰區年度聯合演習簡報合影。

〈**南非**〉聯合軍演酒會與南非陸軍參謀總長一敘。

# 醫護外交・軟實力

## 從鹽湖城到千里達

二〇一二年七月五日，在加勒比海千里達的首府西班牙港，簡單莊嚴儀式，衛生部長 Dr. Fuad Khan 代表該國與美國猶他州立大學醫學院眼科主任 Dr. Randy Olson 共同簽署合作備忘錄，正式締結雙方合作，以提升千里達的眼科醫療水準，大幅縮減白內障失明者排隊等候開刀時間，增強當地眼醫教學根基，及在千里達建立加勒比海及中美洲眼科中心的大目標。

美國駐千里達大使 Amb. Beatrice Welters 與我應邀出席觀禮。坐在台上，望著閃爍不停的鎂光燈，漸漸把我帶回沉思這過去四年來，五度訪問千里達摸索及協調這突破性「醫護外交」模式的點滴。

二〇〇八年，我奉令籌劃成立陸軍八〇七戰區醫療指揮部，除了管理、訓練及動員轄區內陸軍後備醫療部隊外，還兼負責美軍南方戰區（中南美洲及加勒比海）內的所有醫療支援。剛接事不久，我即多次前往中美洲及加勒比海地區視

察及拜碼頭。自從一九八○年代，中美洲各地的左派游擊隊和獨裁軍政府武裝衝突逐一結束以來，近年該地區各政府面對的最大挑戰，是毒品運銷及貧富不均的社會性問題。美國政府在此一地區的大戰略目標，即是保持區域間穩定及支援各自由民選政府繼續獲得當地民意支持，同時也抗衡左傾社會主義政府（如委內瑞拉，古巴）在此一地區的影響力。美軍南方戰區內有幾個重點國家，位居戰略要衝的千里達即是其中之一。

千里達，原英屬殖民地，包括千里達與他巴哥（Trinidad & Tobago）兩大島，座落於加勒比海東南端，與委內瑞拉隔一狹窄的海峽相望，兩岸最近點不超過十英哩，此海峽乃為南美洲東岸去巴拿馬運河必經之處。

全國人口約一百二十萬，教育普及，幾乎沒有文盲，除了傳統的農業外，該國盛產海底石油與天然氣，國民年平均所得約一萬八千美元，屬開發中國家。在英屬殖民地時期，以種植出口蔗糖及煙草為主，因而將大量當時英殖民地的非洲黑人（目前佔全國百分之五十五人口）及印度人（百分之三十五人口）移民來此務農。一九六二年獨立後，這群移民的後裔即定居於此迄今，與少數的華人及歐洲後裔共同融合組成這多元民族的新興民主國家。

該國採取英式總理制，其兩大政黨亦反映出以非洲及印度後裔組成為中心的不同觀點與政策。由於地理位置得天獨厚，不受大西洋颶風季節性影響，也沒有其它天災危險，政治社會相當穩定。美國歐巴馬總統曾在二〇〇九年造訪該國，二〇一三年，中國的習近平總書記亦到此一訪，可見千里達在加勒比海地區舉足輕重的地緣及政經角色。

二〇〇八年六月，我前往千里達探路，在當地美國大使館協助下，找尋合作對象與據點。和該國衛生部會談及參觀當地醫院、醫學界後，一致認為「白內障失明」是當地醫護及公共衛生首要挑戰。因其沿岸豐富的油氣收入，使千里達晉升為開發中國家，富裕的國庫使其得以實施全民健保的社會福利。

該國醫生素質不低，且大多數皆在歐美醫學院進修過，可惜整體醫療系統效率稍嫌落後，再加上該國地處熱帶，炎陽之下容易傷眼，以致造成大量原本應該極易治癒的白內障，因無法及時開刀治療而形成暫時失明。這些積壓多年、排隊等候開刀的失明患者，非但自身行動不便，甚或失業無法工作，更有許多需要家人照料扶養。這些連串的後果，已不是單純的醫護衛生問題，而逐漸演變成當地的社會政治話題。據該國衛生部估計，全國大約有五、六千人註冊排隊，等候開刀。

在猶他州鹽湖城，我的指揮部 Fort Douglas 隔鄰即是猶

他州立大學，我們與猶他大學建立起良好的關係，相互支援醫學研究及學術臨床討論。眾所周知，猶他州是摩門教重心之地，該州絕大多數居民皆屬摩門教友，猶他州立大學亦不例外。因受教會注重海外全球傳教影響，其醫學院的國際醫療合作服務項目頗負盛名，其中尤以眼科教學訓練及簡易白內障復明手術為頂尖專長。該校的「Moran Eye Center」以該中心為開發中及未開發地區設計的眼科示範教學模式，享譽亞、非及聯合國衛生系統。

我拜訪該中心並與 Dr. Olson 主任和國際知名的主治教授 Dr. Geoffrey Tabin 會談後，雙方對國際合作的價值與影響所見略同，當即一拍就成。該中心對開拓中美洲及加勒比海眼科服務和教學極感興趣，十分願意合作提供民間專業指導、教學訓練，並支援美政府的「醫學外交」。經過多次協商，終於一一克服了各種政府官僚系統作業、敏感的外交協調、經濟商業考量，及各種法律執照規定的各式障礙挑戰，而得以擇期開始實地進行兩國間的合作協議。

唯不巧在最後準備派遣美陸軍與猶他大學混和醫療團赴千里達的前夕，碰到該國二〇一〇年舉行的臨時國會大選，執政多年的當權派慘敗失權，由贏得勝利的在野黨組成新聯合政府，一下換了朝代，所有合作協議都得重頭來起。好在

我們的目標是幫助當地老百姓及社會所需，與其國內政黨政治毫無關連，在美國大使贊同支持並親身介入協調下，很快地將一切計劃項目重新搬回軌道。我向新政府簡報後得到首肯，同意繼續原先的協議，並予以落實。

　　二〇一一年二月，一個由猶他大學 Dr. Tabin 為主與我指揮部支援的眼科醫療隊，抵達千里達進行多方面合作事宜，包括在當地最大的總醫院「Mount Hope Medical Center」進行臨床大規模的白內障手術及眼角膜移植義診，臨床實習與當地醫學院學生及住院醫生專題演講，又和當地的眼科醫學會共同舉辦了一場學術討論會。這些緊湊的交流與服務，引發千里達社會各階層的興趣與重視，除了密集新聞報導外，千里達的新總理 Hon. Kamla Persad-Bissessar 亦在外交部長 Dr. Surujrattan Rambachan 及衛生部長陪同下，親臨醫院視察該交流合作活動，給予肯定支持與鼓勵，並建議其它未來的交流事項。

　　經過這次成功的交流活動，並得到當地政府與民間的認同後，我們研判結論，可進一步計劃長久合作計劃。千里達社會政治穩定，基礎設施完善，醫學專業人員水準整齊及經濟持續的成長。這些天時、地利與人和的基礎，具備了良好條件，可以在此成功地建立一個區域性眼科專業中心，以造

福整個加勒比海及中美洲的人民。

這個建議得到美國及千里達各方面認同支持，經過大家努力籌劃奔波，不多時即成功的聯結千里達衛生部、外交部、醫學系統、美國駐千大使館、美南戰區指揮部及猶他州立大學醫學院的支援與協助。經過多次協調及法律認證，終於完成雙方合作備忘錄的準備，這個簽字儀式，正式落實美國與千里達雙方醫學交流的更進一步長期合作。

這是一個彙集美國政府與民間團體軟實力，互補互助的「醫護外交」新範例。我也得到美國防部專款，支持我與知名的蘭德公司（Rand Corp.）智庫合作，一齊研究這個公、民合作新模式。經過兩年實地追蹤、收集資料及學術研討後，我們終於完成這個專案研究報告，通過國防部審議批准發表，並得到權威性的「軍事醫學月刊」（Military Medicine International Journal）接受，於二〇一四年六月刊出專文發表。希望這個新的外交模式，能拋磚引玉，觸發集思廣義討論，如何增進國際間的醫學臨床與教學，相互交流，以造福許多貧窮弱勢的廣大無辜人民。

## 南方戰區足跡

在我支援美軍南方戰區醫療作業的這段日子，得幸有機會足跡遍佈許多中南美洲及加勒比海諸友邦。這些工作訪問，使我得以非觀光客角度來體會當地的政、軍、經、人文、歷史及國情。更透過各駐地美國大使館，與當地政、軍人士交涉協調，得以深入瞭解當地社會真實狀況。這一段多國實地的外交經歷，提供給我一個十分出乎預想意料之外及特殊難得的挑戰機會，這些難忘的經驗，亦留下了許多溫馨值得的回憶，謹舉幾個特例詳述之。

## 宏都拉斯

宏都拉斯的首府 Tegucigalpa 國際機場，是世界有名的危險機場之一。其有限跑道長度的一端是懸崖峭壁，另一端則是筆直而上的小山。飛機起降轉換的空間十分有限，宏國首都地形高低不平，也無法另外覓地遷移。在經過幾次意外事件後，只有限制使用機型及嚴格遵守當地飛行氣候標準，天黑即停止起降。

好在宏國中部的 Soto Cano，有一座宏、美聯合使用的軍事基地，此乃美軍在中南美洲的後勤中心，設有一座完善的美軍醫院，更重要的是該基地擁有超國際水準的飛行跑道，可供大型現代飛機全天候起降。有次我到該基地視察，正巧

碰到台灣來訪的陳水扁總統座機，因首都機場無法供七四七專機使用，而先在 Soto Cano 降落，再轉機赴首都國事訪問。

宏國多山，基礎建設不易，交通設施十分有限，全國只有兩條像樣的公路，且路少車多，加上危崖路況，使長途行車極為不易。由於安全原因，我每次前訪，都是由美直飛首都機場，立刻搭乘已在等候中的美軍直升機，再轉至各處。也因此，讓我在空中能一睹宏國峻美的山川，同時也深深體驗到，因高山峻嶺以致全境交通來往不便，使得經濟發展落後的影響。

近年來由於國際販毒集團及幫派份子，趁機利用宏國貧窮落後環境及交通不便的弱點，坐大勢力以為國際毒品轉運地，導使該國治安每況愈下，許多居民無法安定謀生，只有鋌而走險，偷渡到美國做非法移民。

二〇一四年夏季，上萬的中美洲孩童，以宏都拉斯、薩爾瓦多及瓜地馬拉為主，大量公開偷渡入美就捕，造成一場美國國內政治風暴，不知如何應付才好。中美洲諸國，經濟落後、貧富不均、官僚腐敗，教育低落。固然因美國龐大吸毒市場所需，而造成國際販毒集團在中美洲立足，但各國內的抗毒不力，治安機構不振，政客沒有勇氣與決心消毒，都是造成當地治安不穩與經濟衰敗的基本原因。宏國三分之一

人口為十五至二十四的青少，低教育又無業，必會成為社會的定時炸彈。

## 薩爾瓦多

薩爾瓦多歷經一九八〇年代不停的內戰，傷亡慘重、社會不安，以致許多居民離家北上，偷渡赴美謀生。後經美國會大赦，得以合法居留美國，當今在華府近郊、芝加哥及洛杉磯皆有龐大的薩國移民。他們辛勤工作，除了在美安居樂業外，每年也大筆的外匯寄回老家幫助其它家人，成為薩國最大宗及穩定的外匯收入。

不幸，因新移民環境所趨，一小部分薩國在美移民組成幫派，初期以保護在洛杉磯的薩國移民社區，不受墨西哥及其它西語系犯罪組織欺負為主，但久而久之卻演變成嚴重的大都會社區犯罪問題。一些幫派份子被捕後，遞解出境送回薩國服刑，這些留過洋的幫派份子，與國際販毒組織掛勾，再加上當地脆弱的司法系統，無法有效地掌握控制在監獄內外的幫派活動。以致有幫派在監獄服刑的大頭目，公然在獄內吃喝玩樂，應有盡有，更有甚者還在獄內遙控組織企業。該國的國防部長曾告訴我，若情勢繼續惡化下去，薩國政府有考慮研究使用國家軍隊接管監獄的計劃。

薩國內戰結束後，基本經濟逐步復原，市區也漸趨繁榮，民主政治制度亦被接受而漸上軌道。薩國雖小，人口不多，卻是美國在中美洲堅定的盟邦，感激美國調解內戰成功，及多年的戰後重建，在第二次伊拉克戰爭時，薩國響應小布希總統的「Coalition Of Willing」自願聯盟，提供陸軍作戰步兵支援美軍在伊拉克戰事。多年下來，經過輪調戰場的實戰經驗，使完全美式現代化裝備的薩國陸軍，得到進化的戰術訓練，紮實基礎，成為中美洲不可忽視的專業軍隊。

## 巴拿馬

巴拿馬運河自一九一四年八月十五日開始營運，這百年來的重要性眾所周知，雖然該運河主權已於一九九九年十二月三十一日交還給巴拿馬政府，為履行「美巴運河安全條約」，美、巴雙方及其他中南美洲軍隊每隔年均會舉辦區域三軍聯合協防巴拿馬運河 PANAMAX 演習，以實際行動表現美國對中南美洲的安全保證，及確保巴拿馬運河的國際自由航運。做為美軍南方戰區成員之一，我的指揮部與屬下部隊，均積極參與演習籌劃、行動支援及事後研討。我也在演習期內，前往實地視察瞭解。

美軍南方戰區指揮部，自一九六三年六月六日成軍以來，

起先駐防在巴拿馬運河區內。一九七七年九月，卡特總統簽署了新版巴拿馬運河條約，同意在二〇〇〇年前，將運河主權交還給巴拿馬共和國政府，美國仍將繼續技術協助與聯合操作，以保運河順利通航，同時亦擔保運河區的安全與穩定。

一九八九年十二月，在老布希總統任內，因當時巴拿馬軍事強人總統 Manuel Noriega，包庇國際販毒集團利用巴拿馬為運毒赴美中繼站，及國際犯罪組織使用巴拿馬金融系統為洗錢中心，再加上處處刁難威脅在運河區駐紮的美軍，而引觸美國軍事行動「Operation Just Cause」，摧毀了巴拿馬軍隊及設施，並將 Noriega 總統逮捕，送往邁阿密聯邦法庭接受司法審判下獄迄今。

不數年，美軍南方戰區指揮部亦在運河歸還巴拿馬前，於一九九七年九月遷回到美國本土的邁阿密。巴拿馬也在除去軍事強人獨裁統治威脅後，逐漸步入較為穩定的民主社會，經濟也快速復原，日趨繁榮發展。由於這一段敏感且不愉快的軍事衝突，我們在巴拿馬演習時，盡可能採取低姿態，以免傷感情。

巴拿馬市地處國際海空交通要衝，瀕臨太平洋巴拿運河口畔，也是中美洲最重要的國際金融、經濟及貿易中心。在全球跨國化大環境下日益繁華，市區高樓鼎立、燈火輝煌，

各色人種來來往往，有如東方明珠的香港。來往巴拿馬運河的航運年年增加成長，在巴拿馬市高處遠眺，只見無數的大洋輪，在海上排隊等候穿越運河，實為壯觀一景。現代的大洋輪噸位體積愈來愈大，目睹許多巨輪剛剛好、勉強擠進運河渠道，真為操作人員捏了一把冷汗。

運河邊可見到一條新而拓寬的運河已沿著舊航道施工中，完成後即可大幅增加通運流量及更大噸位的船舶，來往太平洋與大西洋。看到運河的複雜操作保養，及其深遠影響數億人的福利，不得不佩服前人的遠見與冒險精神、魄力，更體會到人定勝天的真理與可能性。

## 哥倫比亞

多年來，每當提到南美洲的哥倫比亞，大家立刻會聯想到麥德林（Medellin）和卡利（Cali）兩大國際販毒組織，以及在叢林中的左翼反政府武裝游擊隊「FRAC」，這兩股惡勢力，給哥倫比亞社會帶來了許多血腥惡夢。在最黑暗的時期，許多政府官員、法官及政客被黑道暗殺，多少政府機關大樓被爆炸破壞，一些哥國軍警不是被毒販黑道以金錢、美色侵蝕腐敗收買，或為擁有高性能武器及殺傷力超強的犯罪組織，壓到無還手之力。廣大的哥國百姓，只有忍氣吞聲，自求多

福的在此恐怖氣氛下戰戰兢兢地過日子。

當國際毒梟以哥國為大本營時，經營採取企業化。從種植、生產、提煉到包裝運輸一條龍系列產銷，其後果深遠，不但造成哥國社會不安，也嚴重動搖整個中南美洲的區域穩定。大量高品質且價廉的毒品，不斷地北上進入美國地下黑市，造成國內犯罪率上升，及吸食毒品的惡習蔓延。美國政府無法袖手旁觀、隔岸觀火，而匯集全美聯邦治安單位，應哥國之邀，紛紛聯合行動，派遣幹員加入支援哥國的「消毒」行動。

二〇〇二年，哥國總統候選人 Alvaro Uribe 以「消毒掃恐」為競選主題，得到壓倒性勝利。在他任內八年中，積極展開行動，建全司法獨立及執行能力，全力各方位圍剿 Medellin 與 Cali 兩大毒勢力。美國克林頓及小布希總統的兩黨政府亦提供各種支援，最重要是授權美軍南方指揮部全力支援哥國軍警，加強反毒、反恐訓練及提升叢林作戰行動能力，也大量協助哥國軍隊通訊、偵察、運輸後勤，及以直升機群為主的機動力。

這些軍事投資及專業輔導，大大扭轉地面局勢。大毒梟主持人及關鍵份子，不是被打死就是被捕歸案，兩大國際毒販組織也逐漸瓦解，成員做鳥獸散。哥國軍警在美軍情報後

勤支援下，圍攻以鄉村、叢林為基地的反政府游擊隊，一步步地縮小他們行動勢力範圍。這雙管齊下，全國總動員的行動策略，得到實質勝果，許多城鄉混亂的局面亦一一穩定下來。社會回復安居樂業，接著商業經濟得以喘息發展，整個大體局面轉趨安寧，人心對政府的信心與支持亦不斷上升。

在清鄉行動後，除了維持穩定社會治安外，一項重要的工作，即是為當地居民提供基本的政府公共服務，「醫療衛生」是其中很重要的科目。我們以陸軍後備醫療部隊為主幹，組織了醫療衛生特遣隊，提供各式基本醫療服務，前往這些光復區域，支援當地的地方政府展開為民服務義診，以增強當地百姓對政府的向心力，同時也積極防止反政府游擊隊死灰復燃。

哥國前總統 Uribe 以鐵腕政策消毒滅恐，得到相當成功的結果。不幸在哥國的國際販毒集團一一瓦解之後，化整為零的離哥國北上，尋找壓力鬆懈的地域，另起爐灶。這也是造成這兩、三年來，中美洲的瓜地馬拉、宏都拉斯、薩爾瓦多、巴里斯及墨西哥等國日益增加因販毒而起的社會治安問題，幫派互相爭奪地盤火鬥，及人民北上偷渡的頭痛。這也證實，若不徹底控制美國國內吸毒的需求，重金之下必有毒販。中南美洲國際毒品生產及運銷網，亦將無法完全銷毀，

各國的社會治安也無法得到根本的解決。

我曾在二〇一〇及二〇一一年，兩度前往哥倫比亞視察派遣到該國的醫療隊作業。首次訪問正值該區剛被收復，各種復員活動頗受哥、美兩國重視。美駐哥倫比亞大使及哥國三軍參謀總長，特別從首都波哥大飛來參觀探視，我們提供的醫療服務得到當地政府及居民熱誠歡迎及感謝。

在訪問中，聽取哥國軍方簡報，使我更進一步瞭解到，哥國的軍人（尤其是陸軍）為了消毒滅恐，付出了極大的代價，除了許多作戰陣亡外，更多的戰士在叢林作戰中，被地雷暗器所傷，導致發炎而必須做截肢手術。在哥國的軍醫院裡，看到一些傷殘官兵休養復健，與他們坐下閒聊後，得到的印象是他們並不後悔因與黑道或游擊隊作戰，而導致自身傷殘，因為他們知道這些犯罪組織與反政府游擊隊，對社會造成的災害，已嚴重影響到全國的安寧與生存。他們以個人的犧牲，換得哥國廣大民眾得以安居樂業的立即效果，這是一國軍隊在知曉「為誰而戰」及「為何而戰」後，全力以赴不計犧牲的最佳寫照。

## 海地

二〇一〇年一月十二日，海地突發七級大地震，這個超

級天災，帶給早已飽受人禍多年的海地人民無限艱難與痛苦，尤其在二百萬人聚集居住的首都太子港，更是災情慘重，連總統府建築也遭地震摧毀，美國政府當即訓令美軍南方戰區，負責支援海地第一時間的救援工作及安全護衛。

南方戰區的副指揮官，陸軍三星中將 LTG. Ken Keen 在大地震時，正巧在海地太子港開會，剛剛離開旅館而倖免波及。他及隨員立刻組成緊急聯絡中心，及時提供第一手在地情資。當天，我也趕到南方戰區的陸軍指揮部，參與支援計劃動員作業。逐漸將情報一點點彙集起來，瞭解到海地原本脆弱的基礎建設，更加破壞無遺。缺水無電，內外交通完全斷絕。當時第一要件，是確保社會治安、基本生活食物與飲水支援，和預防可能發生的大規模海上難民潮。

太子港機場受損，塔台無法操作，飛機也不可起降，基於地面安全及水電供應後勤考慮，無法立刻空運陸軍野戰醫院到海地救援。但因地震破壞了極多的建築物，當地急需大量外科醫療支援，研討後，最快可行之道，是調派海軍大型艦艇上的醫療設施及人員，立即奔赴海地外海，做為臨時浮動醫療急救。隨後，海軍醫護船「USNS COMFORT」也滿載醫護人員與藥品，由美本土趕到加入救助。

當時負責美海軍海地救援特遣艦隊的第四艦隊司令 Rear

Admiral Guillory，曾在二〇〇四年十二月二十六日印尼亞齊大地震後的大海嘯災難行動中，擔任美海軍救援特遣艦隊的副指揮官，他在印尼的救災經驗，大有助於這次海地地震後的救援工作。也由於這次海地救災行動的事後檢討，指出未來聯合醫療作業的重要性。我曾赴佛羅里達州的傑克遜維爾市，第四艦隊指揮部所在地，與他和幕僚共同研討，未來在南方戰區海陸醫療合作方案，及利用海軍兩棲艦艇運送陸軍野戰快速醫療部隊與裝備車輛，趕赴轄內未來災區的可行性。

地震過後沒幾天，幾乎全世界各國都趕到海地，提供各項救災救難及協助重建。經美軍及時修復的太子港機場，一時成為中美洲最忙碌的國際機場，各國運送救災人員、裝備器材的飛機排隊等候起降，各政府及民間慈善機構紛紛熱心參與救災。但絕大多數救援單位，都沒有長期後勤補給能力，到了海地災區沒數日，就用盡帶來自備的糧食、油水及藥品備件，海地政府自身難保，也無法協助補給，一下子轉變成救人反要人救。這些單位要求也期待美軍成為當仁不讓的全海地救災後勤支援主角，我們也只有加強醫療藥品器材後勤補給任務，及安排一些重傷患者飛來邁阿密，做進一步的的手術治療及復健。

大地震後不久，我即飛往海地實地視察，親眼目睹了災

情實況，及當地災民群居在簡陋臨時搭建的難民村。從直升機望下，片片藍色帆布做成的臨時屋頂及殘垣斷壁的街景，更進一步體會到，做為西半球最貧窮之國的海地，將要面臨難以想像的世紀大挑戰。

事後統計，海地九百萬人口中，二十三萬人在震災中死亡，一百五十萬人無家可歸成為難民，各項基礎建設的破壞不計其數，在可見的未來，海地必須要依靠世界各國援助，方可糊口。這次大地震對海地而言，不啻是雪上加霜。

海地原屬法國殖民地，絕大多數居民是當年法人從非洲帶來拓荒的奴隸後裔，一八〇四年反抗法國革命成功而建立獨立共和國。法國殖民政府沒有留下一個有效的政府組織及公僕管理基礎，因此被當地獨裁者家族統治多年，政局一直不穩。加上社會貧腐，人口膨脹，除了少數特權有勢的富人外，眾人皆窮。

從空中向下看海地，各處山丘光禿一片，皆因大量盜砍樹木取材生活而致。河川污濁泥水滾滾，加上因缺乏水土保持，每逢大風雨，河川必漲、鄉鎮必淹、疾病必生的痛苦惡性循環，許多遊客搭乘華麗郵輪來到海地的 Labadee 一遊，白沙海灘、碧綠海水，海風徐來，一杯在手，以為這就是海地，殊不知圍牆之外，泥路破洞、簡屋陋舍、遊民四處的真

景實況。

　　我也曾訪問與海地共處一島的鄰居——多明尼加共和國多次。多國為前西班牙殖民地，獨立後採取不同的社會經濟發展路線。多年前推翻軍事獨裁統治，施行民主政治。從空中飛越兩國邊界，地面景色截然兩樣，多國這邊有茂盛的綠油叢林，清澈亮麗的海灘點點，及夜幕下萬家燈光的城鎮。多明尼加雖不是先進富裕之都，但與隔鄰的海地一比，雖僅一線之分，卻呈現出兩個完全不同的世界。

　　到過海地與多明尼加邊界多次，探視我們的醫療隊。在多國茂密的農業區內，看到許多來自海地的非法移民，聚居在大農莊林內，從事低廉農工以求生存。我們在這些地區協助興建小型診所並捐贈設備藥品，使這些生活在邊緣中的可憐居民，至少有基本醫療衛生照料，也可預防疾病蔓延。許多在這邊出生的海地第二代居民，無法獲得多明尼加公民權而成為人球，產生兩國間不可避免的磨擦。

　　海地救災的經驗也使我深深感覺到，在國際援助的大前提下，及時救難無可厚非。但重建當地自立的能力，才是長期解決不可或缺的一環。以海地大地震為例，一開始世界各地行善趕來救助，提供免費衣、食、住、行及醫療。但沒有長遠計劃及資源，如何重建當地人力資源及基礎經濟、農業

開發，以達到自給自足的目標。到處提供免費醫療服務，只有使得當地僅存的少數醫生及診所，無法繼續收費維持生活而離開海地。這個不是意料中的因果，但也是多年來海地無法獨立生存，而必須繼續依靠世界救濟的主要原因，值得聯合國及其它富裕國家援外時做為參考。

中國古言：「給人魚吃，不如教人捕魚。」此話一點不假。

## 海陸聯合行動

二〇〇八年八月在巴拿馬運河參與 PANAMAX 演習時，曾和當時南方戰區副指揮官一同搭乘直升機，飛到在太平洋外海，主導海軍部分的美海軍第四艦隊旗艦 「USS TARAWA」參觀及聽取演習簡報。在艦上待了一整天，除了更進一步瞭解海軍方面的各項活動科目外，更與艦隊司令 Rear Admiral Kernan 建立起良好互動及友誼。他的母親是退休護士，對醫護背景稍有瞭解，又加上他出身於聞名的海軍海豹特種部隊，想法十分「非傳統」化。由於南方戰區以「區域穩定」和「睦鄰邦交」為戰略目標，我們一致認為「醫護外交」是重要可行的重點項目。經過多次的互訪與參謀作業，我們決定超越傳統的侷限，互相合作來試一試，新的觀念與聯合作業新模式。

美國海軍擁有兩艘大型醫護船，一為停泊東岸巴爾的摩港的　「USNS COMFORT」，另一艘「USNS MERCY」以西岸的聖地牙哥為母港，這兩艘船是個設備完善的大型綜合醫院，應有盡有且自給自足。這兩艘醫護船，每年輪流參與「太平洋」及「南方」戰區的海軍巡航演習，並藉機進行敦睦友好訪問。

　　海軍常因醫護人手不足，而無法全力支援這些大型醫護船所需的專業人員，不能全力發揮醫療服務潛力。我們同意試驗，將我屬下的陸軍後備醫護人員輪流調派上艦支援海軍所需，參與海上年度巡航演習及敦睦活動。同時也可藉此機會，互相觀摩及瞭解陸、海軍中軍醫系統操作異同之處，以備未來聯合作戰支援之需。這是個前進、難得的機會，在得到陸軍方面許可之後，我們立刻積極進行這個史無前例的嘗試。

　　聯合巡航演練，二〇〇九年首到加勒比海數島後，來回穿越巴拿馬運河及一些中南美洲港口。在每處展開一至二周的醫療義診，並充分利用船上的手術室進行些複雜的手術。這個軟實力外交活動效果奇佳，頗受駐地國政府與居民歡迎，參與的海陸軍種官兵，皆十分滿意互相合作及熟悉不同系統下的作業機會。這次巡航聯合行動，亦穩固雙方合作信心，並打下未來行動基礎。自此，我曾多次派遣陸軍後

備醫療部隊，上船支援第四艦隊的年度 Operation Continue Promises，雙方收獲互利雙贏。

也因為我們與海軍第四艦隊這非傳統性的愉快合作，增強海軍睦鄰效率及良好成果，引起遠在夏威夷第七艦隊的興趣，特邀我們參與支援第七艦隊在太平洋的年度巡航演習及敦睦活動 Operation Pacific Partnership。時值美國國際戰略修正，長期戰略中心移轉到太平洋及亞洲地區，提出了重返亞太的亞洲再平衡。

首次參與第七艦隊的太平洋巡航演習是二〇一〇年夏，支援醫護船「USNS MERCY」，經夏威夷、關島，前往菲律賓、越南、柬埔寨、新加坡及印尼諸島。其中以越南為重點，當時兩國剛解凍建交不久，越南對美國軍事訪問仍十分敏感，MERCY 是艘漆上紅十字的醫護船，不怎麼顯眼，而成為越戰後，第一艘美國海軍艦艇返回越南訪問，悄悄地打開了一點門縫，為以後的關係正常化舖路。

船停泊在北越的 Vinh 港，但所有美軍官兵不得穿著軍服上岸，我們只有臨時準備了大量單色的 T 恤衫以為掩護登陸。這次敦睦訪問十分成功，美、越雙方均感滿意。沒多久，美海軍戰艦隨後展開正式而逐漸公開的訪問，面對中國在南中國海頻繁的活動，這些泊岸訪問已成外交明爭暗鬥的一個劇本。

我特由美飛到新加坡與 MERCY 艦會合，一方面視察陸軍人員的輪調及聽取進度簡報，又正巧碰到七月四日美國國慶，代表美陸軍參與大使館酒會。在新加坡時，獲邀參加新加坡軍人節慶祝閱兵，同時會晤一些新方將領，十分清楚瞭解新方立場，希望美軍繼續留守亞洲，以穩定區域平衡的政策。

　　次年，我們再度支援海軍第七艦隊在南太平洋的活動。這次是以兩棲登陸母艦「USS CLEVELAND」為主，艦載醫療與野戰工兵部隊，遍訪南太平洋一些島國及印尼。

　　我先飛到夏威夷參與會報後，赴關島及塞班島視察當地的陸軍後備部隊，再由關島飛往麥克羅尼西亞 Federated States of Micronesia 的首府 Pohnpei。該國自第二次世界大戰後獨立，經貿、外交及內政自理，唯國防交由美國代管，居民為南太平洋的波羅尼西亞人，全國分成 Yap、Chuuk、Pohnpei 及 Kosrae 四州，各由無數島嶼組成，橫跨西南太平洋數千英哩，領域極廣，並控制南太平洋數個交通戰略要點。

　　島民的特殊習俗，是幾乎家家飼養黑豬，年輕男子以豢養強壯豬仔為炫耀鄉里。但後果是豬舍四處且濱海，海水污染已成當地環保的重大挑戰。我到的當日即被勸告，沙灘海景看看即可，切記不可下海游泳戲水。

首府 Pohnpei 是南太平洋海洋漁業中心，在港口看到多艘大型遠洋漁船，見到三艘來自台灣高雄的漁船，可惜碰到的都是不會中文的外籍船員。另外看到數艘日本超級鮪魚船隊，每艘甲板上載有小型探索直升機，當地官員告訴我，這些大型漁船出海作業猶如軍事行動，先以高科技衛星設備偵測魚群動向，再出動直升機打前哨，最後多船海上圍攻收網。聞後感嘆，難為當今魚類，在高科技撈漁企業化之下，這些高價的鮪魚毫無僥倖生存的餘地。

　　一晚在當地扶輪社聚餐中，碰到聯合國漁業監委會南太平洋主管，雖然聯合國與各有關國家協調同意，訂定每年漁獲配額及監督各國漁船打撈作業，但南太平洋漁區是當今世界僅存的大量鮪魚自然繁殖區域，全球百分之四十的鮪魚出自這個區域，他為未來海魚的前途擔憂。

　　麥克羅尼西亞群島在第二次世界大戰時被日軍佔領，此處海域曾發生多次激烈海戰。許多美、日各型戰艦與無數水兵，永沉安眠於海底深處，成為海洋紀念墓園。在日落黃昏之際，遙望海空一線，波平浪靜。身處熱帶鮮花綠茵之中，略感靜默海風徐來，安祥平和，怎知七十多年前，此處是峰火高熾的激烈戰場。「和平發展」與「戰爭摧毀」，真是只靠人類的一念之間。

這次的敦睦巡航組成十分獨特，除了美軍工兵與醫療部隊外，還包括了澳大利亞工兵及醫療人員、馬來西亞與日本的醫療部隊，及國際自願獸醫組織成員。在各島嶼上，美、澳工兵協助修建校舍及公共運動設施，混合醫院小組配合當地醫護人員，下鄉上山為民義診，自願獸醫及技士加入我們陸軍後備獸醫部隊，一齊為當地家畜、豬仔治療及注射疫苗，及傳授公共衛生和疾病預防事項。這些國際人道協助活動，為偏居離島、終年與世隔絕的居民，帶來關懷溫馨的國際友誼及極切需要的協助。相同地，幾乎所有參與人員，無分國籍背景地區，都顯露出熱忱滿意的收獲，及助人樂己的心態。

　　Pohnpei 雖懸居海洋遠離大陸，卻有相當考古證據，人類至少在西元前二百年即在此一區域居住。在離開前一日，我抽空去參觀島上一個有名的古蹟，這個叫 Nan Madol 的廢墟，佔地二百英畝，由九十三個人造島嶼組成，內含居家住處、神廟、公共廣場及統治者的宮殿。經由現代考古儀器探測推廣，這個城市建造起於西元五〇〇年間。我站在廢墟基石之上，四望這千年壯觀的石牆、港堤與屋基，環繞在熱帶叢林之間，唯早已人去樓空，只聞陣陣海濤拍岸及海鳥啼音不斷，更感覺到人的渺小。

# 南非、北極圈、美屬薩摩亞

## 南非

或許因緣歷史及地緣政治，除了第二次世界大戰短暫的北非盟軍行動外，非洲大陸在美國國防戰略上，一直不佔有優先地位，而由歐洲戰區兼管之，直到二〇〇八年十月，才有獨立的美軍「非洲戰區」成立。

這一塊被遺忘的大地，除了豐富的原料、礦產外，近十億且年輕的人口，也是不可忽視的未來希望，現代交通及通訊發達，非洲也不像以往那麼地神祕與遙遠。也因為密切與外界來往，非洲的大環境日趨複雜及具挑戰性。當今非洲諸國的所謂國界，多以昔日殖民勢力範圍疆界為主，完全忽視各種族、部落、宗教及文化之異，連續不斷的內戰及衝突也就不足為奇了。

近年來中國大陸大力經營對非關係，又提供許多優惠，低利貸款融資，且堅持不介入當地政爭的原則，形成一股不可輕視的力量與影響。除了官方正式援助，協建的項目及人員，據估計，目前已有約二百萬華人移居非洲大陸，從事各式大中小企業，在許多地區已深入當地社會，立足生根。

受到中東及北非戰亂影響，極端回教武裝組織，四處流

竄外銷「聖戰」，挑起不少恐襲事件，造成社會不安，難民流散各方，其中尤以北非及撒哈拉沙漠區為最。非洲與歐洲僅一水之隔相望，殖民歷史關連及大量移民赴歐定居，不穩定的非洲對歐洲諸國的威脅，不可等閒視之。最近一批批海上難民潮湧向南歐尋求庇護，即可證之。在這個大前提環境下成立的美軍「非洲戰區」，其基本戰略目標與「南方戰區」大同小異，即是維持地區穩定，推廣民主政治體制，及支持當地的合法國際認同政府。除了協助訓練各國軍警治安反恐能力外，進行軟實力外交，提升當地居民生活水準，及支持合法政府與民眾的聚和力，也是一個十分重要的主題。

美軍「非洲戰區」成立不久，經驗及專業根基較淺，加上又沒有專屬的戰區醫療指揮部，我們在「南方戰區」與「太平洋戰區」多年來的經驗與作業成效，得到有關單位人員注意。自然地，協助發展支援的要求接踵而來，我們也開始派遣醫療衛生部隊前往非洲大陸支援，從計劃、訓練、協調、義診，一直到實戰演習醫療服務。

南非是非洲大陸最工業化及商貿經濟發達的國家，經過多年種族融和政策，和前總統曼德拉不計前嫌的高瞻遠見影響，其政治及社會尚屬穩定。我曾在二〇一一年夏，受邀前往南非觀察訪問我屬下部隊參與的「非洲戰區」年度聯合演

習（Ex Shared Accord）。這次由非洲戰區陸戰隊主導的演習，以南非南端的伊莉莎白港為指揮中心，我由美直飛南非，與非洲戰區陸戰隊三星司令和美駐開普頓總領事會合，一同登上南非的戰艦出海，沿岸北上到三軍聯合演習區。

在艦橋上祇見黑白男女官兵，各站其位，來來往往共事的融洽互動，很難想像到不久之前，這曾是一個全球黑白種族隔離最極端的國度。從旁觀看，至少在南非軍中，種族關係混含阻力不再，只尊重官階而非膚色的文化，隨處可見。海上演練後，在演習區登陸，再以直升機和巴士輾轉到各指定特區觀察，見到從美國維琴尼亞來的美陸戰隊兩棲戰車連，倍感親切。

在途中，與南非陸軍參謀總長鄰座，閒聊中得悉，他年少時離家參加以莫三比克為基地的南非國會黨游擊組織，志在推翻白人至上的南非種族隔離政權。他曾到過北非利比亞接受游擊戰訓練，而後潛返南非打游擊，白人政權推翻後，他繼續留在軍中服務迄今。他做過南非駐中國大使館武官，十分懷念住在北京的那段日子。他笑稱，做為革命份子，他曾被規類為反政府游擊武裝份子，而被美國國務院視為黑名單上的不受歡迎人物。事過境遷，如今他身為南非政府高官一員，訪美禮遇自不在話下。足證，國際政治，人生如戲，

忽上忽下，切不可急於定論。

## 北極圈

　　站立在山頂上，已荒廢多年十多層樓高的雷達陣前，遠望一片無際冰雪連天的海岸景觀，無法不感覺到，若時光回撥到美蘇冷戰期，核武對峙時，互相監視分秒不離的陰影，這是阿拉斯加州西北端面臨白令海的 Nome。雖是初春，但仍是海天一片，白雪遍地。Nome 是一個歷史頗久的重要邊疆小鎮，曾以金礦致富，也是聞名的貫穿阿拉斯加狗拉雪橇長途冰雪競賽的終點站。此鎮無公路可通達，其港口終年大多結凍，只有在夏季解凍後船隻方可進出，大肆補給。每天一班的民航班機到安格列治，算是唯一的對外生命線。

　　該鎮在冷戰時是美國本土空防第一線，山頂上的雷達陣群，分秒不停的西望蘇聯西伯利亞海空。一有可疑不明物，即由駐紮不遠的 Galena 空軍攔截機群，緊急升空查看。如今一因冷戰結束，美蘇軍事對峙解凍，再著高科技人造衛星與滿天皆是的海空遙控系統明察秋毫，使得這些冷戰時期的無名哨兵，一一退休荒廢，成為留下的歷史性建築物以為見證。Nome 街上可見到一些販賣俄國手工藝品店，雙方愛斯基摩居民已可來往兩岸探親訪友，與冷戰時期對比，今非昔比。

阿拉斯加州地廣人稀，戰略地位十分重要，除能源與礦產豐富外，還控制了北太平洋海空航運及進出北極圈的大門。每年初春時期，以後備部隊為主的美軍，在阿拉斯加舉辦年度聯合北極圈活動（Operation Arctic Care），這是由國會直接撥款，交由國防部執行，以三軍工兵與醫療聯合行動演練在冬天雪地作業能力。同時亦可為散居各地、交通不及的愛斯基摩和印地安部落，嚴冬後修補維護其脆弱的基礎建設、公共設施和提供當地居民急需的醫療服務。

我曾前後三訪這個年度北極圈演習活動，並在二〇一一年時，由我的指揮部擔任該屆主辦負責單位。多年來，我曾進出阿拉斯加多次旅遊，還在母親八十大壽時，全家一齊搭乘遊輪到此一遊過。但這三次北極圈演習的機會，深入遍佈各角落，才讓我深深體驗到此地極為特殊但十分脆弱的環境，隨時變化的氣候、鮮為人知的人文景物，及言語無法形容的優美大自然。

整個阿拉斯加，只有三條柏油公路連結安格列治、費爾班克及加拿大，另有一條非正規的北上北極圈的冬季貨運冰道，只能在嚴冬大地結厚冰後，方可小心翼翼地在上行車。其它所有小村部落，大多沿河而居，必須在夏季短短兩、三個月內，由平底駁船輸送全年燃料及民生必須品。其它的日

子，只有靠每個村落的簡易跑道與小飛機與外連絡。新鮮蔬菜水果在此為奢侈品，我曾在小村雜貨店看到近十元美金的小盒牛奶，生活單調，環境艱難，非身歷其境，是很難體會到的。

由於地域廣闊，村落散居各處，我們必須使用固定翼運輸機及裝備寒凍地區的直升機為主要演習交通運輸工具。在北極圈內行動，最大的挑戰是瞭解、尊敬這變化無常的氣候，及在冰凍環境下如何維持人體溫暖及體能健康。各種車輛、飛機、發電機及各式裝備的保養預防，正常使用也是有關安全的必重項目，這個演練機會提供了十分逼真、實在的訓練。

飛越這一片銀白大地時，由空下望一物一景，皆歎為觀止。雖然我不是環保專家，但依常識亦可領悟到此一地區環境的脆弱性。看到一線連天望不盡的大輸油管，呈現在雪白大地的背景裡，只見點點馴鹿穿越其中，希望永不發生油管破裂漏油災難，否則在這冰天雪地，進出不易的北國，救災談何容易。

最值得回憶的片段，是探視多次的 Anaktuvuk Pass，這是個座落於前不著村、後不著店的北極圈內愛斯基摩小村落，百人左右的居民，在改變數十代傳統遊牧生活後，定居於此，這也是內陸最北的一個村落。我的座機在穿過大片雪白平原

後，翻越層層終年積雪的高山峻嶺，突然間冒出這個夾在兩山峽谷之中的小村。我曾在此留宿，夜晚寧靜無聲，漆黑的天幕掛滿了閃爍的星星，顯得特別明亮，再配上時隱時現的北極光，一時頓覺身在人間仙境，無法以言語述之。

阿拉斯加的原住民，在美國政府慷慨福利照料下，物質生活上幾與美國本土不相上下，嬰兒生存率及成人平均年齡亦不差，與他們仍居留在對岸蘇俄西伯利亞的同胞相比，他們的生活環境當然進步多了。但無法避免的後遺症，亦因現代化而來，逐漸地他們也失去了傳統生活習俗與語言文化。

大部分村落均設有幼稚園與小學，唯師資難覓。中學之後，學子則需離家到大城住讀。雖然村村皆有衛星電視及電腦網路與外相連，但在這十分單調、地理隔離的大環境下，吸煙喝酒已成最普遍的娛樂，但亦造成許多健康問題（高血壓、糖尿病及肝硬化）與心理上的不平衡，這也成阿拉斯加州公共衛生的一大挑戰。

相信這些現代化的後遺問題，亦是許多未開發地區，在急速進化後無法避免的挑戰。各地公共衛生專家必須未雨綢繆，詳研對策，在社會現代化進步時，如何平衡飲食起居及身心健康，以避免這些已知的得不償失後果。

## 美屬薩摩亞

遠處南太平洋邊緣，在國際換線東側的美屬薩摩亞，是每年地球上最後一個迎接新年的地方。在第二次世界大戰時，這裡是盟軍主要的港口及潛艇基地，戰後東薩摩亞歸美國託管，西薩摩亞先由紐西蘭託管後獨立。東薩摩亞居民投票加入美國聯邦（Commonwealth），與關島、塞班島、波多黎各和美屬維京群島同列。全島居民六萬八千人，島民體型碩壯、行動敏捷，許多職業美式足球球員來自此島。

美軍聯邦後備部隊在此有步兵與工兵連，這些部隊曾分批多次調往伊拉克，參與第二次伊戰，並受到一些戰場傷亡。二〇〇九年遭到因南太平洋海底地震引起的大海嘯，摧毀許多建築物，包括島上經濟所依的鮪魚加工廠，這個天災也造成數百人傷亡或失蹤。次年，我奉令前往該島視察當地後備部隊災後復建，及設法增進當地後備官兵的醫療服務。

在我足遍全球各地的經驗中，美屬薩摩亞之旅兩次，是我身心上感覺到最偏遠及孤立的一處，全島對外聯絡僅靠每周兩次夏威夷航空公司的班機，飛行近六小時到夏威夷。每次抵達薩島首府 Pago Pago 後不久，看到這班飛機載滿旅客掉頭飛回夏威夷的剎那，心中會突然感到被遺留在孤島的惘然，四望只是無盡頭的汪洋大海。

島上民風純樸，生活簡易，除了新鮮蔬果外，所有民生日用物質全靠由美國西岸遠道運來，美國聯邦政府提供各種社會福利及財政支援。內政完全自治，總督及一名無投票權的聯邦眾議員直接民選而出。當地社會結構仍沿襲部落家族傳統，一切事務均由各部落長老做主，這些長老們才是真正的權力中心。

　　除聯邦及地方政府公用地外，所有土地都是各部落共有財產，一切家居、農耕、商業等使用，皆由長老分配給暫用人。另外，此島還有一個奇特習俗，家人故去後，均落葬於自家前院，行走大街小道，觸目皆是「人魂相處」的現代家屋及地上式墳墓隔鄰併居的景象。這種家家戶戶人魂相居的風俗文化，強烈顯示出當地緊密的家庭倫理，見多了，也就不感到奇怪了。

　　該島雖有美政府大力財政支援與建設，但實在地處偏僻，人口稀少，又缺乏資源及工作經濟發展潛力。島上只有一所兩年制的社區學院，島上所有的醫生及牙醫，均是斐濟群島醫學院的畢業生，其它想要繼續深造向學的學子，則必須要遠走夏威夷或美國本土，這也成該島面對的最大挑戰——如何吸引高等教育及專業的人才，學成後返鄉服務就業。

　　同樣地，與阿拉斯加原住民現代化後遺症類似的問題，

也是當前美屬薩摩亞的一大挑戰。接受了美式飲食文化的速食業後，到處可見「麥當勞」、「肯德基炸雞」及披薩店林立。無怪乎，當地最大的公共衛生挑戰，是日益增加、高頻率的高血壓、中風、糖尿病及腎退化。

我拜訪當地唯一的醫院，討論如何調遣陸軍後備醫療部隊赴島協助醫護時，目睹該院洗腎中心的十二張病床，天天客滿排隊，每天作業二十小時還供不應求的緊縮現象。這是一個社會安全的警鐘，若不及時徹底謀求改變方向，施以強力有效的公共教育與政策，導引居民健康生活環境，不久的將來必會造成龐大社會負擔，而難以維持。

## 軟實力

自從哈佛大學教授 Joseph Nye 在他一九九〇年出版的書《Bound To Lead》中，首次提及「軟實力」一詞。在二〇〇四年，他又在新書《Soft Power:The Means To Success In World Politics》中加以詳述。此後，許多專家評論引伸這個新觀念，並予以各種定義。我認為基本上就是：「一國以非軍事的實力，吸引它國情願地接受其影響與合作。」工具可以是經濟、貿易、文化、科技、醫學、教育，甚至包括大眾娛樂。

美國前國防部長蓋茲，在伊阿戰爭高潮時，大聲疾呼加強軟實力的重要性。二〇〇七年，中共十七屆大會上，胡錦濤總書記亦強調增進中國的軟實力，中國海軍全新的「和平方舟」醫護船，即可見證中國已重視軟實力在未來國際政治上的影響力。

這年頭，戰爭往往無法徹底解決國際事端，佔領也不能保證安全同化或消滅歧見。大國不一定具備有效的軟實力，小國也未必缺乏有影響的能力。強加予他國的影響力是短暫、空虛的，自願接受的潛移默化則歷久不衰。

成功運用的軟實力，需要一個厚實的綜合實力為後盾基礎，否則只是如曇花一現的淺薄，很難有長期深遠的作為。古今中外，多少例證，以武力可以取得短暫的控制，若加上軟實力有效的後援，影響力可以繼續持久的。中國漢唐盛世，羅馬帝國橫跨歐亞大陸幾世紀，過氣英國的日不落帝國迄今仍有的影響，均可代表硬軟實力綜合成效的表現。

二〇一三年《Monocle》軟實力調查報告，列舉當今五個最有效的軟實力國家，依續為英、美、法、日及瑞典。當今美國軍力獨強，但其深厚的全球影響力，主要是靠其綜合軟實力造成的。放眼四海，不論是敵或友，都喜歡喝可口可樂，吃麥當勞漢堡，觀好萊塢影片，穿美式便裝，用智慧性

手機及雲端網路，只要美國仍能不斷推出被全球大眾所接納的新產品與生活方式，加上慷慨無私的人道援助，美國在世界的影響力就不可能被取代，這是想與美國競爭未來全球領導的國家，必須要瞭解的基本事實。

# 放眼世界

## 轉變

　　還記得當我們四十多年前剛移民到美國，打個越洋電話給在台灣的親友，每三分鐘收費九元美金，以當時一部 VW 的金龜車不過賣一千八百元美金的物價來說，真可算寸言寸金。因此，除了年節大日子外，接到越洋電話多半不是好事。

　　四十多年一晃而過，環視今日的各種全球性通訊方式，越洋電話、網路電話任憑選用，非但快捷清晰，價格也變得價廉物美。同樣的，國際交通也飛速猛進。不久前，我曾由紐約的甘迺迪機場，搭乘民航機去南非的約翰尼斯堡，近十八個小時不著陸的越洋直飛到地球另一端，足足印證了這個世界已變的愈來愈小、無遠弗屆。

　　「通訊」及「交通」這兩個革命性的科技進展，徹底影響到全球的每一個角落，也完全改變了人類對社群的傳統定義、感觸及行為。相對的，人群思考反應也因為這飛躍的科技發展，而邁入一個沒有地圖指點的未來世界。

一九一八年的「全球大流感」（The Great Influenza），花費了十八個月的時間才蔓延到全世界。事後驗證，這緩慢逐漸擴散的病毒發展，雖然造成千萬人死亡，但因為當時通訊及交通傳遞速度遲緩，而使尚未大量感染地區的居民，有時間機會產生抗體及預防設施，否則死亡人數必會高出甚多。同時亦因消息新聞傳播較慢，而大大減低全球性恐慌的威脅。

　　在當今 CNN 二十四小時全球追蹤時代，二〇〇二年香港的「禽流感」（SARS），因國際航空便捷快速蔓延，加上國際新聞追蹤報導，沒幾日就搞得全球草木皆兵，立即影響到國際貿易及跨國經濟。幸好也在國際合作下，很快地就找到病毒源及傳染媒體，而獲控制。二〇一四年起源於西非洲的伊波拉（Ebola）病菌傳染，亦因國際航空使帶菌患者輕易遠遊歐美，加上新聞媒體大肆報導這「無藥可治」的病毒傳染病，弄得到處風聲鶴唳。

　　在這全球化的大環境裡，疾病不認國界，病菌對各種族一視同仁，亦不分開發或貧窮之別。以往區域性的流行性傳染病菌，今日一不小心就會如野火燎原般，越洋快速擴散。跨國公共衛生及傳染病預防合作，將不可避免會成為未來國際社會的最大挑戰。

　　當年六四天安門事件，中共政府雖在國內控制了傳統性

新聞媒體，但沒想到許多事件實況報導，經由當時剛流行發芽的電話傳真 FAX，而很快地散播到國內外各地。

近年來，經由更無孔不入的社交網路，而引發了改朝換代的「阿拉伯之春」及「烏克蘭革命」。在在證明，無論當權政府如何以強力管制、封鎖信息，但通訊科技革命性快速發展及平民化的普及，已徹底改變廣大社會群體的思想、行為、願望與互相聯絡習慣方式，更深切影響到傳統式的政治運作與管理。任何嚮往現代化的社群團體，除非決定停留在石器復古時代，否則已無法走回頭路，或非常選擇性的使用現代通訊科技來控制部分信息交通。

常言，「知識就是力量」，在現代化通訊科技不斷延伸及平民化的大趨勢下，未來的世界將會因不斷的科技改變，而夷平了競爭場地。我曾在無數荒涼遙遠的地球角落，例如：伊拉克沙漠、阿富汗山谷、麥克羅尼西亞海邊及阿拉斯加北極圈內，輕易收發電話、電郵，有如自家，毫無障礙。這種平民化科技發展，造福人群，也提供了無限機會給許多未開發或開發中的社會迎頭趕上。

擁有基本知識的國民，也是任何嚮往自由、民主社會演變，不可或缺的重要基點。但凡事有利必有弊，高科技通訊不可否認亦會產生帶來一些副作用。例如：人際間的交往變

得更機械化，而缺乏「人味」。人的思考、耐心也因為快速的通訊傳遞而慘遭侵蝕。更有勝者，造成未來社會裡腦力、才智不均衡的後果。一小部分的創造、發明者，藉用高科技工具繼續思考、研發，而變得愈加聰明且具有創意；但廣大的使用者，則因價廉物美及高效率的不斷創新高科技產品，又簡易使用，絲毫不費腦力而變成腦袋平平、思路簡單的「半機器人」。

一個社群，如何能有效地使用高科技帶來的福利，但仍能繼續保持社會群體的思考、創新能力及健康、和諧的人際交往，將會是不可避免且極具挑戰性的未來科目。一昧追求具體物質性的進展，而忽略了精神及基本人際相處的需求平衡，這種不和諧的未來發展，將非我們所極力追求的美好目標遠景。

回想我生長迄今這短短幾十年，目睹因科技進展，而徹底改變絕大多數人類的生活習慣、思想吸收及工作方式。其變化速度亦由每二十到三十年才過的一「代」（Generation），迅速地降低到每三至五年即全部新陳代謝。至少目前為止，尚未察覺到，人類科技進展達到飽和點而減速，或已面臨知識極限；反之，無數的新理論、新概念、新觀念及新產品仍舊不斷地展示推出。目前，唯一可知的是「無限」的未來。

希望在群體認知努力下，能合力達到善為利用高科技來造福人類，而避免演變成人類社會反成為高科技進展下的犧牲品。

## 一片混亂

若由史達林在一九四六年二月九日發表充滿挑惑性的演說：「共產主義與資本主義，不可能和平共存」，開啟了美、蘇兩大集團間的「冷戰」開始，直到一九八九年十一月柏林圍牆倒塌，蘇聯解體這四十三年中，除了中國大陸國共內戰、韓戰、越戰、中東以阿之戰及蘇聯佔領阿富汗外，兩大集團相互制衡，各自管理勢力範圍內部的矛盾，總觀來言，整個世界尚屬平衡安定。

當然，成千上萬的人被關在鐵幕之後，毫無自由可言，物質缺乏及精神壓力也不可言語。四觀當今，全球烽火處處，戰亂不斷。據聯合國難民總署最近公告顯示，在二〇一四年底，全球各地因戰亂遷徙流浪而無家可歸的難民總數，高達六千萬人，這是自第二次世界大戰後，最高的統計。同時，世界各國在二〇一三年亦花了九點八兆美元，即佔全球 GDP 的百分之十一點三來因應、控制、預防各種武裝衝突、恐怖暴力及內外戰爭。這個世界亂局方興未艾，還不知有多少群體、家庭、物質及整體經濟，繼續要為這些人為的災難，付

出鉅額的代價。但可確知，在最近的將來，只會日益頻繁，放眼望去，這個世界目前呈現的是「一片混亂」。

三十多年的軍旅生涯中，冷戰之後，我即親身經歷過「第一次伊拉克戰爭」、「巴爾幹半島內戰」，及這十四年之久的「伊拉克、阿富汗反恐之戰」。面對這四面烽火的景象，不少權威性的歷史、軍事、政治及國際安全事務專家學者，紛紛著論分析其來龍去脈。唯各家立場、觀感、文化背景及偏見不一，尚難達成共識，更別提結案定論。

依我淺見，四點因素相聚相輔而成，產生了這個充滿火藥氣氛的大環境，稍一不慎，即可星火燎原，進而促成這幕幕人間悲劇。

## （一）科技知識全球化及平民化的副產品

自十七世紀起，西歐諸帝國以當時現代化的船堅炮利，所向無敵，縱橫七海，相續佔領掠奪全球各處的原料、資源甚至當地居民，而奠定了西歐近四百年來殷實的經濟基礎，同時制定了行使迄今的「世界秩序及準則」。

第二次世界大戰後，雖然西歐諸帝國列強紛紛衰退解體，再加上各處的民族自決運動，一時各殖民地及弱小民族，革

命翻身百花齊放，以為前途大亮，當家做主。唯戰後，美國國力如日正中天，且因與西歐同文同種的認同，而承襲了「世界秩序及準則」並加以光揚正大。

戰後的半世紀與勢均力敵的蘇聯集團對抗冷戰，使得以美國領導下的民主自由集團，得以保持均勢的平衡及提供了喘息機會，以重建於二次大戰的廢墟之上。同時以自由思想環境下產生的創意，跳躍式地帶動了全面性通訊、生活、運輸交通、農業及軍事各方面的科技飛躍發展，但也因此而產生了些意想不到的後遺影響。

由於交通運輸的快速發展進步，世界變得愈來愈小，距離亦變得由交通工具而定論遠近。全球各處人群行動範圍半徑也愈來愈廣，相對社群衝突的機會比例亦跟著增加。由於通訊發展及互聯網路無遠弗屆，訊息傳播既快且廣。經過社交網路登高一呼，即可結群聚黨，或者聯合抵禦外侮，或者挑戰統治政權，要不就是激鼓群眾為各種社會福利或宗教政治運動效力，新聞及思想控制已變得愈來愈不易。北非的「阿拉伯之春」及烏克蘭三十小時改朝換代，均屬最佳近例。

由於軍事科技突飛猛進，又價廉物美功效實用，現代各強國擁有的大型武器，如飛彈及原子、核子武器均可夷平地球幾番而不留倖存者，各式小型殺傷力強的武器亦充斥全球

各角落，其綜合威力雖夷平地球不足，但毀城滅村則足足有餘。像上一世紀，英帝國軍隊可以僅數萬人配擁有高殺傷力武器的殖民部隊，即能征服統治整個毫無還擊能力的印度大陸，這種一面倒的現象，已完全不可能重演。近代，擁有超級現代化武力的蘇聯、美國及以色列，儘管每次戰術交鋒皆勝，但仍無法贏得與阿富汗、伊拉克及巴勒斯坦衝突的全面勝利，這也促成了目前世界各地「小衝突不斷，但大戰打不起」的烽火僵局。

## （二）傳統國際安全架構衰退

由歐美強權自第一次世界大戰後，啟發經營的近代國際安全架構，為全球帶來了均衡及減低衝突的環境，冷戰時期，美、蘇兩大集團，相互克制各集團內成員，處處以美、蘇大哥為首。在集體安保的大罩之下，無法亦無能越界鬧事，多少的新仇舊恨，也就因此被壓制下來。

一九八九年，蘇聯華沙集團終於破產解體，美歐領導以北約為主幹的自由民主集團，歡欣鼓舞以迎接世界和平，老布希總統更樂觀地宣佈「新世界秩序」（New World Order）的到來。包括美國在內的北約諸國，紛紛思考辯論，如何運用這意外的「和平紅利」（Peace Dividend），即刻

削減各國軍費及大幅裁軍，美國也一躍而成為全球唯一的超級強權。全球各角，歷經多年的毀滅性大戰陰影籠罩，終於見到一線明亮的曙光，未來的世界，充滿了希望及繁華穩定的遠景。

　　唯事與願違，一些曾被壓制但野心勃勃的地區頭目，藉此國際權力平衡的空檔之下，趁機摸魚或清算舊帳。由小規模的地區性衝突或內戰開始，逐漸蔓延到區外各處。一九九〇年八月伊拉克進佔科威特，一九九一年始的索馬利亞內戰，一九九三年盧安達（Rwanda）與蒲隆地（Burundi）之間 Tutsi-Hutu 種族殘殺，南斯拉夫解體後一九九一年到一九九九年間引發的巴爾幹半島衝突，短短的時期內一時野火四起。除科威特油田被佔有產生國際後遺症，而引發聯合國軍事行動外，其它衝突都局限於區內爭執，對諸強權無直接戰略性影響，使之無意願且無法及時按壓滅火。

　　「北約」仍被視為當今世界碩果僅存的多邊集體安全體系組織，至少可以保護維持以歐洲及北非為主的區域性安全。但事實上，除了美國以外的北約組織其它成員國，多年來全力注重國內社會經濟發展及福利需要，再加上一般歐洲人民厭戰的心態，而忽略國防軍備開支。二〇一一年，以北約英、法主導介入北非利比亞軍事衝突，推翻了格達費政權之役，

居然會用盡庫存的空襲精準炸彈，後繼無力而需美軍緊急供應補給。

最近死灰復燃的蘇俄與烏克蘭糾紛，及其強勢佔領克米爾，而北約無法也無力事先提供強有力的軍事預防，或事後有效的軍事干預，在再證明「北約」組織心有而軍力不足的現況。

近些年來，因經濟起飛而強化國力的一些非歐美國家：中國、印度、巴西等，其經濟軍事等綜合國力上升，又加上民族意識及自信心上揚，起而挑戰行之多年但被加於身的歐美制國際安全架構。這個無法避免的趨勢，將會在已不穩定且充滿火藥氣氛的當今世界大環境中，添加不少燃燒催化劑。

## （三）宗教紛爭，民族意識抬頭

自古以來，多少人類戰爭皆以宗教為名，為主而戰。當雙方人馬均認為積極參與是替天行道、生死不計時，其結果往往無法以理性來分析是非、解決爭端，下場均會慘不忍睹。若加上別有用心的野心領導，打起宗教之名，高舉宗教旗幟及口號，來煽惑跟隨的群眾，更猶如火上加油，多少無辜旁觀者將會身不由己，倒楣捲入衝突。

伊斯蘭教先知穆罕默德生前沒有詳定接班領導繼承方式，在西元六三二年他故去時的信徒們，無法同意繼承人的產生，一派教友認為領導人應該留在穆罕默德家族內，由其後裔世襲之，這就是什葉派（Shi'ites）；另一派即是桑尼（Sunnis），他們認為領導應由教長們達成共識後產生，兩派爭執不停，難下定論。當穆罕默德的女婿 Ali 做到第四任領導教主 Caliph 時，在西元六六一年被暗殺了。這個不幸事件立刻起了激烈的反彈，導致什葉與桑尼兩派自相殘殺，互不相容迄今的悲劇，也啟開這連續一千四百年的血腥爭議。

西元一五〇〇年左右，Safavid 在今日的伊朗建立以什葉為主的波斯王朝，桑尼派信徒大多居住在以土耳其與阿拉伯及後成立的鄂圖曼帝國之內。當今世界上十六億回教徒中，百分之八十八屬桑尼派，大多居住在伊朗與伊拉克的什葉派回教徒，只佔全球回教徒的百分之十二。

十六世紀時，基督教徒經過宗教改革（Reformation），而停止在歐洲大陸長期的互相殘殺，這與當今中東的什葉、桑尼兩大回教派系血肉之爭，實為大同小異的宗教內部派系衝突。

目前中東最大的致命危機，不是美蘇冷戰，不是石油之爭，不是回教與異教對抗，也不是猶太與阿拉伯衝突，而是

這一千四百年累積下來的伊斯蘭內部派系爭論，所引發的血海深仇。解鈴尚需繫鈴人，這個基本不穩因素，只有伊斯蘭宗教智者與政治領袖，共同找出共通、共識點，達成協議以尋求一個務實的回教宗教改革，才能解決基本問題。否則，這個循環性的流血爭執，將會繼續延存，造成無數無辜傷亡，無計數財產損失，及加深中東區域內的不穩。

看看亞洲的緬甸，在軍人獨裁高壓統治時，對回教、佛教群體一視同仁的嚴加控制管理，不同宗教同病相憐而相安無事。但這兩年來民主開放後，政府公權力大減，隨即不斷發生多起回佛教的宗教衝突，尤以在 Rakhine 省佔人口多數的佛教居民，暴民迫害 Rohingya 回教居民，燒傷劫毀許多回民村落，迫使遷入難民集中區。許多回民為了生存，只有鋌而走險，出海偷渡到回教的印尼及馬來西亞，而成為國際海上的難民人球。中央政府無能，官方既不承認定居數代的回民為緬甸公民，地方政府亦不願介入這個兩面難為的糾紛。

在非洲大陸，近年來的馬利、奈及利亞與蘇丹，多少因宗教而暴發的流血內戰。未來更值得注意的是，擁有十二億人口的印度，其境內長期的宗教拉緊關係磨擦，會不會因新上任印度教意識至上的總理 Narendra Modi 新政策，而引起社會不安，觸發回教、印度教及錫克教之間的流血衝突？

國家主義與民族意識，雖不及狂熱宗教徒所具備走火入魔般的毀滅性，但若不加控制，往往因情緒高昂，人云亦云般集體思想下，無法理智分析，而造成相當程度的破壞及危機。蘇俄與烏克蘭的衝突，中日東海及日韓獨島、竹島之爭，中印及中越邊界糾纏，中菲、中越等南中國海主權對歧等等，皆為反射國家民族意識抬頭的憂慮現象。

若參與各國不善加控制，引導降溫，適可而止，一旦群眾民族意識對抗情緒像滾雪球般的高漲不下時，主政者將會騎虎難下，進退兩難。明知不可行，但不得不跳下去的兩敗俱傷結局。

## （四）殖民主義後遺症

放眼四觀，不可否認許多當今武裝衝突，大多集中於中東、非洲與亞洲。當然，這些衝突的成因很多，但仔細分析，其中的一個共同點，均指向由前帝國殖民主義所產成的後遺症。若欲徹底解決這些區域性、但深具人命物質破壞性的武裝衝突，則必須深入瞭解地緣歷史的因果影響，方能對症下藥。

### 中東

一九一六年，英、法私下協議分割鄂圖曼帝國的「Sykes-

Picot Agreement」，後經一九一九年的「凡爾賽條約」（Treaty of Versailles）予以合法化。這些沙漠大地中的界線，完全以英、法勢力範圍及自身利益為原則，毫不考慮到當地的民族、部落、文化、語言之差異，這才會產生「伊拉克」、「敘利亞」、「黎巴嫩」、「約旦」及「巴勒斯坦」等這些像三色冰淇淋似的現代「國家」，也造成擁有二千五百萬人口，但分散於土耳其、敘利亞、伊拉克及伊朗諸國，而沒有屬於自己國家的庫克族（Kurds）怪現象。

這些百年來的中東「現代國家」，先由歐洲殖民帝國統治，二次世界大戰後紛紛取得獨立，不久即因隨即而來的冷戰，使當地美、蘇雙方的代理強人出頭，得以勉強保持現狀。一旦「冷戰」結束，集體利益不再，加上伊拉克軍事侵略鄰國科威特，及隨後的二次伊拉克戰爭，推翻強人胡森政權，動搖了整個中東微弱的平衡。二〇一一年啟始的「阿拉伯之春」，促成利比亞及敘利亞的內戰，更是攪亂一湖春水，無法復原歸零。

整個區域內，有如蒸氣鍋的蓋子掀掉後，多年積壓下的熱氣，得以解放發洩，一散而無法回收。這些國界的居民，原本薄弱的國家意識共體觀念，更加消減而缺乏相互認同感，這將會演變成國際新秩序的一大挑戰。

## 非洲

在西歐殖民帝國開始討論如何進一步瓜分非洲大陸時，這個地廣物博及礦產原料富裕的大陸，早已擁有近千的自治部落王國，及其獨特發展的文化與語言。一八八四年十一月十五日，在葡萄牙的要求下，德國首相俾斯麥（Otto Von Bismark）召開以當時西歐為主的列強「柏林會議」（Berlin Conference），以商討溝通諸帝國列強在非洲大陸的勢力範圍、專有利益，及如何避免未來加速發展下混淆不清的局面。

當時的西歐列強，只在非洲的沿岸及大河口 Congo River、Niger River 岸佔有據點，這次柏林會議也協商同意，如何更進一步地瓜分整個非洲內陸。三個月後的一八八五年二月二十六日，會議圓滿結束，在沒有邀請當地部落王國人民參與及提供意見下，諸列強即決定了整個非洲下一世紀的前途與命運。

列強初步同意英國佔有埃及、蘇丹、肯亞、南非及羅德西亞，法國得到大部分西北非諸國，德國拿到奈米比亞、坦尚尼亞，葡萄牙取得莫三比克、安哥拉，比利時則繼續擴張沿剛果河域的政經勢力，義大利亦獲得索馬尼亞及衣索匹亞。

到了一九一四年，在不斷掠取經營下，柏林會議諸帝國

列強，將整個非洲大陸劃分為五十個「國家」，並全部佔領為各列強的殖民地。就如同瓜分中東後果一樣，這些所謂的「國家」，其實是列強的勢力範圍，完全沒有顧及到當地既有的部落、王國、種族、文化及語言差異。這個強頭似的瓜分，在列強壓力統治及冷戰時集體安全架構下，尚能勉強維持現狀，時間一久，再加上無人監護看管，這種雜亂拼湊而成的版圖，怎能安穩而不造成點火即爆的危機？

細看中東與非洲現況，許多亂點鴛鴦相結成一體的國界，恐需重新調整，方可確保境內長期和諧相處，相互認同，進而促成一個和平及安居睦鄰的大局面。但這說起來容易，當今誰才有這個能力與信譽，能得到各參與者的信任與支持來重劃疆界？

## 亞洲

當英帝國在一九四七年依依不捨地撤離這殖民統治多年的印度次大陸時，大致上依宗教為基素，將這大片區域硬劃分為印度、東西巴基斯坦、錫蘭及主權不清的喀什米爾。英殖民政府前腳剛走，印度與巴基斯坦即為爭奪喀什米爾而大打出手，此乃第一次印巴之戰。隨後又打了兩次印巴大戰（一九六五年及一九七一年），均無分勝負。一九七一年，東巴基斯坦在印度慫恿協助下展開獨立戰爭，建立了孟加拉

國，亦展開了複雜的三角關係。

錫蘭島內自獨立後 Sinhalese 與 Tamil 內戰不停，一直打到二〇〇九年五月才收兵談和，印巴瓜分的喀什米爾更是衝突不斷的火藥庫，加上英帝殖民政府擅自決定與中國相接的麥克馬洪線（McMahon Line），迄今仍是中印邊界的絆腳石。類似當年英帝殖民政府單獨劃定的 Durand Line 為巴基斯坦和阿富汗之界，將 Pashtun 族人一分為二，成為當今阿富汗與巴基斯坦邊界不穩及兩國關係緊繃的主因。

當然，殖民政府也對當地的發展有所貢獻，他們築路造橋、興建鐵道及水電廠等基礎建設，又引介現代化教育制度和政府公務管理，但其最終戰略目標，仍以帝國的政經利益為主。唯公平而論，在第二次世界大戰後，民族自決大風潮下，前殖民地一一得以獨立，各殖民政府匆匆撤離解體，而留下攤子交給興奮高昂、但缺乏支援技術及知識經驗能力的獨立革命份子，及廣大貧窮無知的當地住民。這也促成了今日許多第三世界國家的統治階層貪腐無能，廣大群眾仍停留在既貧且窮的落後社會裡，毫無進展。

希望歐美與中國在亞非各地的競爭，能注重到這廣大群眾的福利，加強提升當地的生活水準及教育技能，而不是狹義的「新殖民主義」單行道運作。這些國家地區，具有大量年輕

人口及資源，若以長遠計劃為目標，循序漸進，增強普及基礎教育、工業技術及區域經貿發展，自然會產生地區穩定且擴充中產社群，增進購買力的未來市場，達到雙贏的結果。

## 國際秩序轉換

近二十年來，全球經濟飛速發展，許多新興國家得天時地利，加上全民辛勤奮鬥及正確的政策領導下，得以大幅提高生活水準質與量的進步，也促使無數國民脫離長期的貧窮，增加社會中產階級人數。當一國經濟生活提升到一定水準，衣食住行無憂後，自然而然地會產生隨之而來的民族自信心，及追求獨立自主且專注自身利益的對外政策。因為這個經濟貿易影響的轉變，也使得傳統國際關係的結盟產生無法避免的轉移。

冷戰後，做為全球唯一超強的美國，獨自肩負起全世界的安全均衡，確保各大洋海運貿易暢通，及救助各地天災人禍的人道救濟。絕大多數國家搭順風車，吃美國的免費午餐。多年下來，大哥難為，人疲力盡、財力大傷，卻常常吃力不討好的結果，加上自九一一恐襲之後，十四年來的反恐之戰，勞民傷財，對一些次要的國際議題，常有心有餘而力不足之感，全國民意亦逐漸趨向孤立主義之勢。

西歐諸國，自二○○八年國際金融危機後，充分暴露出歐盟及歐元的基本弱點和其未來發展的限制，迄今仍在濃霧中尋找出口。「北約」若無美國在後撐腰，提供大量後勤支援和長程戰略運輸協助，用以保護歐洲大陸有足，但對其它地區的影響，只能做個配角，而無法重拾以往光榮歷史的主導地位。

蘇俄自蘇聯解體，丟失了許多附屬國及全球影響力，唯其結實的國防軍事科技基礎，及豐富的能源、礦物儲存量，潛力仍不可小覷。自從普亭總統梅開二度後，特意加強國防建設，精簡加強三軍聯合戰力，對外採取強硬外交姿態，以重振昔日蘇維埃光輝為己任。烏克蘭危機及隨後與歐美間的相互制裁，只是牛刀小試的初步。惜其國內經濟結構不平衡，人口漸減老化，農業制度不健全無法自足，政治制度集權退化，在國際事務上，成事主角或可不足，但敗事搗蛋則足足有餘。

在此傳統國際均衡大空檔之時，雖然目前經歷結構轉型的陣痛及緩慢發展，但三十年來經由經濟改革，而使中國脫胎換骨，從一窮二白的第三世界，突飛猛進到僅次於美國的世界第二大經濟體。隨著社會經濟發展，民生質量水準上揚，及國內基礎建設擴張，使得全國上下信心大增，走出自鴉片

戰爭以來加諸於中國社會集體意識的陰影。

　　一方面，民族自信心增強，再者現實需求繼續維持，這人類史上前所未有的快速全面社會經濟進展，中國必要到世界各角落尋求能源、原料及貿易機會。不可避免的「國富必強」進化演變，確保自身利益和強化在現實國際舞台上保有發言實力，交叉影響下，中國政府不斷以大額軍費將人民解放軍，從以陸地人海戰術為主的落後軍隊，逐漸進化到數位、立體及聯合作戰能力的現代化武力。加之擁有大量現金的國庫準備金及不斷需要擴張的國際市場，中國政府及民間觸角四伸，遠走這地球的各角落。

　　除了積極參與現有世界經貿活動外，也增進許多雙邊免稅貿協，及創設多邊經貿組織（如亞投銀行）。我曾在非常偏遠且意想不到的小島及鄉野小村，巧遇來自中國大陸的商人、移民，更在不少地方看到中國捐贈建造的公園及公共設施。「有太陽的地方，就可以遇到中國人。」這在二十一世紀真是一點不假。

　　在這個大環境下，很難不感覺到這個世界在不斷地變遷，行之多年的傳統區域秩序，也漸漸地出現移轉現象。近年許多專家，學者紛紛提出「大國交接」論，若以過去歷史演變來看，除了英美交接，因同文同種而順利無動亂外，其餘每

當大國勢力非自願性交接時，都會經歷不可避免的競爭及武力動亂。但仔細研討當今時勢大環境，恐已今非昔比，過去的歷史將無法預測未來發展。

如今世界已縮小到牽一髮而動全身的時空距離，且各國經貿已因全球化而無法輕易切割、置身事外，不似以往一上一下，黑白清晰的大國交替過程。加上當今列強擁有的先進武器，殺傷毀滅性之強，前所未有。戰場亦無前線、後方、有形、無形之分，稍有不慎，將會給全球人類帶來浩劫，成為無法控制，兩敗俱傷的人間悲劇結局。

希望，也相信中、美兩國的領導階層及人民，均具有相當智慧及理性，來面對處理這不可避免的複雜交往關係演化，尋求創造共同點，以雙贏為目標，重寫人類歷史「大國共存」的新一頁。

## 遠望地平線

身處這起伏不定、快速變化的世界，回憶以往，更能感受證實到大環境革命性的變遷，及對迷茫未來的疑惑。遠望地平線的盡頭，還是一片模糊不定。

「政治制度」是任何國家最基本的治理方式，因社會進

化演變，「世襲領導」已公認為不合時代潮流，遲早會被淘汰。「君主憲政」只是個過渡妥協，最後子民終會挑戰其實用價值及公平競爭。「個人獨裁」已成過街老鼠，人人喊打，愈來愈難維持。各式的「軍人執政」或可解決一時的混亂，但絕非長久之計。剩下來歐美式的「自由民主」，與日本、新加坡的「一黨獨大民主」，或中國的「一黨專政」，將是今後世界政治制度競爭下，值得注意研討的模式。

自第二次世界大戰及冷戰結束後，自由民主制度如雨後春筍，四處冒出。在二〇〇〇年美國智庫「Freedom House」統計，有一百二十餘國可稱為「民主國家」，約佔全球國家總數的百分之六十三。

據二〇一四年三月一日的英國《經濟學人》短評民主：「民主潮流在二十一世紀開始倒退，在西方民主國家內，民主制度已被視為低度政府行政效率，無法控制因社會福利及政府開支延生的債務危機。其它各地也頻頻出現民主倒車，如委內瑞拉、烏克蘭、阿根廷、埃及、泰國、柬埔寨及南非等。」致使民主制度陰影四散，選民參與乏力。

《經濟學人》亦指出，造成民主倒退的兩大主因，一為二〇〇七、八年間的「全球金融危機」，及「中國的崛起」。當天下太平、市場繁榮、水漲船高時，大家都過著價廉物美、

快樂歡欣的好日子。一旦經濟安全地板脫落下陷，要大眾縮衣節食、以度難關時，則議論紛紛，各式特殊遊說組織總動員，無法決定誰先跳下海。標準的「由奢入儉難」！

「中國的崛起」已不再是新聞預測，但研判其影響之正負，則因立場而異。儘管中國政府一再強調「韜光養晦」、「和平崛起」，但其強勢行動作為，往往引起國際聯想，站在不同的角度，而做出不同的結論。

中國宣示的「中國式威權政治體制」演化，還是一個未經證實的社會實驗，存有許多未知數。尚待中國政府與人民集智，開明的去尋找答案何去何從。西方式開放自由的民主政治制度，在經過近些年來的障礙倒退，是否可以適合全套通吃地在中國生根發揚，亦難預測。

許多新興國家，看到中國在短短的時間內改頭換面，非但經濟貿易上揚發展，人民生活水平亦大幅提高，居然在二〇一三年的民調「Pew Survey of Global Attitudes」中，出現百分之八十五的中國人民滿意現狀及前途路線，與同一民調中，只有百分之三十一的美國人對國家前途路線滿意。這個民調結果，表面看來顯而易見具有吸引力。當然民調加天氣，變換無常且可因時、因人而異，但不可否認，現今的中國雖然問題重重，但確實具有滿於現狀的大局面，這個「中國模

式」對一些長期掙扎中的國家，極具吸引力，唯其是否適合當地文化國情、社會所需，尚屬未知。

民主制度優點很多，但也有些因人性弱點與私心而產生的缺陷。更有甚者，許多人膚淺地誤認「民主政治」就是一人一票的「自由選舉」，加上百花齊放的無軌言論自由！這群人誤解民主，忽略了成熟的民主政治基本條件：選民教育知識水平，社會中產階級成長多數，完整的法治與司法獨立，言論負責，及少數服從多數但多數尊敬少數的精神。急危就章的強頭式民主移植，表面亮麗、內部空虛，日子一久就原形暴露，結果是勞民傷財，幾面不是人的紛亂下場。

我曾赴阿富汗幾次，該國閉塞，從無自由民主經驗，全國只有百分之二十八識字率，及中古世紀的農業社會經濟。歐美諸國善心協助，花了大量人力物力資助阿富汗實施民主政治，但望及心切而忽略了費時費力的民主社會基礎建設。雖然已歷經兩次全國大選，一旦聯軍撤退後，其民主自由制度，是否能繼續生根茁長，誠屬一大疑問。

伊拉克的情況也是半斤八兩，中央集權的什葉政府，仗人口多數優勢，控制選舉結果，前任總理 Maliki 藉民主之名掌權，私下排斥桑尼及庫克族的利益，搞成現在幾乎一分為三的亂局，加上伊斯蘭國（ISIS）橫行，內戰一觸即發，人民

傷亡流離，家園城鎮毀壞無遺。

另有些新興民主國家，動輒發動「街頭式民主」，以為正規選舉無法成功的政治訴求。像泰國民主政治後不斷的政爭，街頭示威遊行，最後以軍事政變收場的惡性循環，非但攪毀了社會安寧及經濟貿易發展，也弄得朝野雙方兩敗俱傷，全社會及民眾皆為這種「假民主」付出了沉重的代價。

即連當今民主燈塔的美國，也因黨派相爭，搞得國會運作停頓僵化，少數不服多數，多數也不理少數，結果是全民倒楣，幾乎國庫倒債的惡果。施行民主必須循序漸進，美國自一七七六年獨立後，一開始只有男性地主有選舉權來制定法律和管理社會。女性到了一九二〇年才爭取到投票權。一九六〇年代的民權運動後，黑人及各少數民族方得以普遍參與政治，這些逐步演化最後匯集到二〇〇八年歐巴馬總統得到多數選民支持，成為首位非白男性的美國總統，這條路走了二百三十二年。

曾記得在台灣念書時，公民課上，國父孫中山的三民主義中，提及政治制度演化需經過「軍政」、「訓政」及「憲政」，循序漸進的三步驟，他的先見智慧，相信放之四海皆準。猶如幼兒，必須先爬、後行，才能跑的成長過程。

「經濟制度」也是個爭執不斷而無定論的議題，但基本上行之多年各地的事實證明，迄至目前，全球性的資本主義原則，已為世界絕大多數社會群體帶來了無比的繁榮與生活水準提高。共產社會主義的蘇俄及中國，均在放棄教條，擁抱資本主義市場經濟及參與全球化後，方得以脫離貧窮，創造經濟奇蹟，造福各國社會民眾。但是二〇〇七、八年的全球金融危機，也突顯出「自由式資本主義」（Liberal Capitalism）的許多漏洞弱點，不過改良式的「國家型資本主義」（State Capitalism）是否就是答案，尚需一些時間與實例來證明。

　　總言而之，我們何其有幸，能生活在這充滿挑戰和不知未來的人類轉捩點。相互間的競爭，是不可避免的演化過程。唯因科技不斷突破，知識亦通暢交流，任何國與國之間的武力衝突結果，必是兩敗俱傷，他人得利。期盼眾人能珍惜這難得的繁榮安寧，群力集智來找尋和平相處的共同點，退一步而海闊天空。

# 尾記

　　二〇一二年自美陸軍退役後，不再需要每周趕機場，四處出差。回到在華府近郊的私人診所，全職平靜安穩的專心行醫。唯身處世界政治舞台焦點的華府，及無法避免無時不刻的世界新聞報導，偶爾與前軍中袍澤相聚憶往談今，使我仍得以關注周身遠近發生的事，及這個隨時多變的全球大環境。

　　由於這些年來，我十分幸運地碰到許多機會及體驗過一些特殊經歷，許多家人、親友慫恿我應該立筆記下這段人生歷程，與眾分享。

　　我深信人生如火車行軌，一站又一站停靠不同的環境、地域，並且遇到不同的乘客，直到終站下車。我十分高興能搭上這列充滿刺激、極具挑戰但尚一路順利的慢車。

　　我有幸生為華人，但在美國成熟就業，占盡了這兩大文化的優點，我特別用中文書寫這本回憶，得與眾多華人分享，並見證在美國這多元容納性的融爐內，機會平等的生涯。

（本書內容純屬作者個人觀感，不代表任何美國官方或軍方立場。）

# 憶往談今：
# 美國陸軍退休二星少將張立平回憶錄

作　　　者／張立平

美 術 編 輯／申朗創意‧游淞翰
責 任 編 輯／許典春
企 畫 選 書 人／賈俊國

總 　 編 　 輯／賈俊國
副 總 編 輯／蘇士尹
行 銷 企 畫／張莉滎‧廖可筠

發 　 行 　 人／何飛鵬
出 　 　 　 版／布克文化出版事業部
　　　　　　　台北市中山區民生東路二段141號8樓
　　　　　　　電話：(02)2500-7008　傳真：(02)2502-7676
　　　　　　　Email：sbooker.service@cite.com.tw
發 　 　 　 行／英屬蓋曼群島商家庭傳媒股份有限公司城邦分公司
　　　　　　　台北市中山區民生東路二段141號2樓
　　　　　　　書虫客服服務專線：(02)2500-7718；2500-7719
　　　　　　　24小時傳真專線：(02)2500-1990；2500-1991
　　　　　　　劃撥帳號：19863813；戶名：書虫股份有限公司
　　　　　　　讀者服務信箱：service@readingclub.com.tw
香 港 發 行 所／城邦（香港）出版集團有限公司
　　　　　　　香港灣仔駱克道193號東超商業中心1樓
　　　　　　　電話：+852-2508-6231　傳真：+852-2578-9337
　　　　　　　Email：hkcite@biznetvigator.com
馬 新 發 行 所／城邦（馬新）出版集團 Cité　　(M) Sdn. Bhd.
　　　　　　　41, Jalan Radin Anum, Bandar Baru Sri Petaling,
　　　　　　　57000 Kuala Lumpur, Malaysia
　　　　　　　電話：+603- 9057-8822　　傳真：+603- 9057-6622
　　　　　　　Email：cite@cite.com.my
印 　 　 　 刷／卡樂彩色製版印刷有限公司
初 　 　 　 版／2015年（民104）10月
售 　 　 　 價／350元